韓国政府の［1945－1960］在日コリアン政策

包摂と排除のはざまで

閔智君
MIN JIHOON

クレイン

目次

第三章　初期日韓会談における李承晩政権の在日コリアン政策
――一九五一年～一九五三年を中心に

第五章　帰国事業実施過程における韓国政府の対応
――一九五八年〜一九六〇年を中心に

序論

研究目的

大韓民国（以下、韓国）は在外国民を多く有する国であるが、なかでも在日コリアン[1]はその歴史的背景から独自の立ち位置を占めている。日本の植民地支配の結果として、一九二〇年代から増え始めた出稼ぎ朝鮮人労働者や朝鮮人留学生の中には、日本に生活基盤を持っている者が多かった。サンフランシスコ講和条約（以下、講和条約）発効直後の一九五二年四月一九日、日本政府法務府（現、法務省）民事局長通達により、朝鮮と台湾の旧植民地出身者は一律に日本国籍を喪失した。植民地期から根強かった日本社会の民族差別は戦後も続いていたので、この日本国籍喪失によって在日コリアンはいっそう厳しい状況に置かれることになる。

一方、戦後の朝鮮半島では、日本の敗戦後、アメリカ合衆国（以下、アメリカ）とソビエト社会主義共和国連邦（以下、ソ連）による分割占領を経て、一九四八年に韓国と朝鮮民主主義人民共和国（以下、北朝鮮）の二つの主権国家が樹立された。その後、韓国政府は日本で在外国民登録制度を導入し、在日コリアンは韓国国民であると主張して、在日コリアンに韓国籍を登録させ始めた。そして韓国政府は、この措置により国籍表記を「韓国」とする者と「朝鮮」のままの者に区別し、それを在日コリアンの処遇に反映させた。現在においては、国籍表記の「朝鮮」とは日本の国内法上は国籍を意味せず、事実上の無国籍扱いとなっている。そして、韓国政府は住民票の表記が「朝鮮」になっている在日コリアンに対しては韓国への出国を厳しく管理している。

アメリカの主導により、一九五一年末より日韓両政府は国交を結ぶための会談（日韓会談）を開始したが、その過程で韓国政府は在日コリアンの法的地位問題を主要課題の一つとした。しかし、日韓会談において、当事者である在日コリアンらは自らの法的地位問題に関与することができず、日本政府と韓国政府だけで議論が進められていった。

このような韓国政府の在日コリアンへの対応の要因を確認するためには、韓国の初期政権である李承《イスン》晩《マン》[2]政権期に形成された韓国政府と在日コリアンとの関係構築過程を検討する必要がある。言いかえれば、韓国政府が在日コリアンを国家の構成員として認識しつつ、その法的地位問題にどのように関与したのかを具体的に検討するということである。したがって、本書では李承晩政権期を対象に、当時の韓国政府と在日コリアンとの関係を確認したうえで、韓国政府による在日コリアンに対する諸政策を検討する。

なぜ「包摂」と「排除」なのか

李承晩政権の対在日コリアン政策を確認するためには、まず朝鮮半島の分断状況をめぐる韓国政府の対応に注目する必要がある。韓国政府は朝鮮半島の分断体制のもとで、局面に応じて多様な方法や手段で国民を時には「包摂」し、時には「排除」してきた。本書では、この「包摂」と「排除」の二つの概念を用いて、韓国政府の在日コリアンへの対応を論じる。

韓国現代史研究において、国家権力による国民の「包摂」と「排除」の側面に着目する研究はかなり積み重ねられてきた。ここでは、そのような先行研究の動向を整理したうえで、本書でなぜこの概念を用いるのかを述べておきたい。

李承晩政権の行政機構の機能を研究した金榮美《キムヨンミ》[3]は、朝鮮半島の分断体制において、国民登録を通して国民が、共産主義者であるかないかを識別される過程において李承晩政権の推進する反共政策に動員され、戦時期には徴兵対象として包摂されていったと論じている。つまり、李承晩政権が人々を国民として包摂する意図は、反共政策に沿って統制することだったという。

金得中《キムドゥッチュン》[4]の研究においても、李承晩政権の国民に対する包摂と排除が論じられている。金得中は、米軍文書や当時の民間人の証言を中心に検討した結果、朝鮮戦争期の李承晩政権は、韓国国民が反共イデオロギーを信じる愛国者であるかどうかを暴力と法的・社会的統制によって検証してきたと指摘する。その検証過程において李承晩政権にとって満足のいく反共イデオロギーを持つ国民と認知されると包摂対象になったが、そうでなければ排除対象になり、場合によっては粛清されたと論じた。

また、金容撤《キムヨンチョル》[5]は李承晩政権が多数の労働者を包摂した側面を取り扱った。彼は、各労働組合の関連資料を中心に、李承晩政権が権力を維持するために特定の労働者を支援したことを包摂として論じた。包摂された特定の労働者は、李承晩政権を支持する傘下団体の構成員として、一般労働者を統制し、労働者が李承晩政権と密接な関係をつくるうえで重要な役割を果たした。李承晩政権に労働者との密接な関係が必要であった理由は、当時の李承晩政権は、韓国国民からの政治的な支持を得るために、労働者と農民のために働く政権であるというイメージをつくる必要があったからである。

以上、李承晩政権の国民への「包摂」と「排除」がどのように現れるかを分析した研究を確認した。これらの研究からは、李承晩政権が包摂する対象は、①李承晩政権が統制できる者、②李承晩政権が主張する反共イデオロギーの検証過程を通過した者、③李承晩政権の政権維持に役立つ者である。つまり、李承晩政権の反共政策に好影響をもたらす国民だけが包摂の対象となったのである。

一方、排除される対象とは、李承晩政権の反共イデオロギーの検証過程で「アカ」と識別された者である。李承晩政権の反共政策に悪影響をもたらす者たちは、排除の対象となったのである。

では、李承晩政権のこのような包摂と排除の側面は、当時の在日コリアン政策においてどのように現れたのだろうか。本書では、その具体的な内容を明らかにする。

先行研究の整理と課題

戦後の在日コリアンに対する処遇問題についての先行研究を見てみると、その一次的な原因が日本政府とＧＨＱ（連合国軍最高司令官総司令部）にあると判断して、日本政府とＧＨＱの政策を分析する多数の研究が出ていることがわかる。まず、ロバート・リケット（Robert Ricketts）[6]は、敗戦後の在日コリアンに対するＧＨＱと日本政府の対応と、それに反応する在日コリアンの運動に注目した。次に、小林知子[7]は、解放後から朝鮮戦争期までの各在日コリアン団体の活動内容を取り扱いながら、ＧＨＱがマッカーシズムの観点から在日コリアンの進歩的民族主義者を中心に結成された在日本朝鮮人連盟（以下、朝連）の民族運動に否定的な認識を持っていたことを明らかにした。敗戦直後における日本政府の在日コリアンの参政権をめぐる取り扱いについては水野直樹[8]に詳しい。水野は日本政府が在日コリアンの参政権問題にどう対処していたかを分析し、特に衆議院議員であった清瀬一郎が在日コリアンの参政権を否定した点を指摘した。

一方、金太基《キムテギ》[9]は、GHQと日本政府の在日コリアン政策のみならず、韓国政府の視点も踏まえて、在日コリアンの法的地位及び処遇に関する政策分析を行いながら、韓国政府と在日本大韓民国民団（以下、民団）との関係に注目した。彼の研究はGHQが在日コリアン政策にいかに関与していたのかを具体的に検証した点で高く評価されている。さらに、李承晩政権が民団員ならびに韓国国民として登録された者をいかに管理したのかという視点も取り入れて分析を行った。その結果、韓国政府が在日コリアンに対する統制を求めていたことを明らかにした。金奉燮《キムボンソプ》[10]は、金太基の研究を踏まえ、韓国政府の民団育成の具体的な内容について、北朝鮮による在日本朝鮮人総連合会（以下、総連）の育成内容との比較を通じて、韓国政府が北朝鮮と総連の動きを牽制するために行った支援策とともに詳細に論じた。

当時の在日コリアンを対象とした研究をみると、在日コリアンの具体的な人口動態や在日コリアン社会の仕組みについては外村大[11]が詳細に論じている。外村は、これまで参照されてこなかった当時の雑誌記事を始めとする一次資料を読み込んで、植民地期から解放までの過程を綿密に検討し、「在日朝鮮人」という存在概念に考察を加えた。外村の研究では、植民地支配に抵抗してきた在日コリアンの存在自体が、日本の帝国主義による加害を批判するものであった。

一方、戦後の在日コリアンの活動に注目した鄭栄桓《チョンヨンファン》[12]は、ＧＨＱの在日コリアン政策に関する検討を行い、各在日コリアン団体の成立過程において、在日コリアンが自らの法的地位の獲得に向けてどのように活動していたかを詳細に論じた。また、朝連の活動内容や民族教育の過程を通じて、当時の在日コリアンの置かれた民族差別状況についても論じた。

続いて、日韓会談での在日コリアン問題をめぐる韓国政府の対応についても確認しておかなければならない。二〇〇五年に韓国で「韓日会談外交文書」が公開されてから、それを基礎資料とした研究が次々と発表されてきた。まず、張博珍《チャンバクチン》[13]は、在日コリアンの問題が韓国政府の対日政策に影響を与えた側面があったことを説明した。続いて、吉澤文寿[14]は、日韓双方の共通点と相違点を説明しながら両国の意見の調整過程に関して研究を行った。李誠《イソン》[15]は、日韓会談における在日コリアンの法的地位をめぐる議論の過程を確認し、在日コリアンの法的地位の内容の変化を分析した。

その他、赤十字国際委員会（以下、ＩＣＲＣ）、日本赤十字社（以下、日赤）、朝鮮赤十字会（以下、朝赤）、日本政府、総連によって一九五九年から進められた帰国事業[16]をテーマとする研究も出てきた。テッサ・モーリス＝スズキ[17]は、ＩＣＲＣの資料を分析し、日赤のみならず日本政府も帰国事業に対して「北朝鮮よりも積極的だった」という結論を導いた。続いて、朴正鎮《パクチョンジン》[18]は、アメリカ、日本、韓国、北朝鮮など、帰国事業に関わっていた各国の外交関係を踏まえて、日本社会の民間団体と在日コリアン団体の視点から、特に、在日コリアン団体の中でも北朝鮮を支持していた総連に焦点を当てて、帰国事業の具体的な展開過程を分析した。これらの研究を踏まえて、松浦正伸[19]は、総連が関与していた帰国事業の中の宣伝活動に焦点を当て、グレゴリ・カスザ（Gregory J. Kasza）の政治理論を活用して、総連が行った帰国事業の煽動に潜在的な暴力性が存在していたと主張した。

以上のように、戦後の在日コリアン研究は、主に日本政府とGHQの在日コリアン政策の観点から論じられてきた。しかしながら、韓国政府による在外国民としての在日コリアンの処遇への関与については、既存の研究においては次のような点が不十分である。第一に、既存の研究では在日コリアンに対する韓国民としての登録政策、朝鮮戦争による徴兵登用、反共イデオロギーによる民団員の育成などについては分析されているが、李承晩の在日コリアン政策の多様な側面に目を配った総合的な検討はいまだに不十分である。

第二に、当時の在日コリアンが持っていた対韓国認識についての検討が不十分である。民団と韓国政府との間には反共活動以外にどのような利害関係があったのか。また、当時、北朝鮮を支持していた在日コリアンが、韓国を国家としてどのように認識していたかについても論じられることは少ない。

第三に、当時の韓国政府が在日コリアンを韓国の国家構成員としてどのように位置づけていたのかについての分析がない。当時、韓国政府は在日コリアンを国民として取り扱ったが、韓国の政治体制が在日コリアンを自国民としてどのように受け入れていたのかという確認が不十分である。

以上のような研究課題に基づいて、本書では、まず、日韓会談外交文書、在日コリアン関連の記録、日本と韓国政府の各関連文書などを中心に、李承晩政権の在日コリアン政策を総括的に確認し、そのうえで、当時の韓国政府が在日コリアンに対する包摂と排除をどのように行ったかを論じる。

内容構成

第一章では、植民地解放直後から分断体制が固定化されるまでの韓国内部の政治体制と在日コリアン社会の動向を確認する。朝鮮半島の南北に韓国と北朝鮮がそれぞれ国家として樹立・建国されるまで、朝鮮半島は米ソ関係に左右される不安定な体制であったが、そのような状況のもとで在日コリアン社会がどのように存在していたかを確認してみる。

第二章では、朝鮮半島の分断体制が構築された後、韓国政府が在日コリアン社会にどのような影響を与えたかを確認する。ここでは、分断が固定化された一九四八年から朝鮮戦争が勃発した一九五〇年までを取り扱う。

第三章では、初期日韓会談、すなわち一九五一年の日韓予備会談から一九五三年の第三次日韓会談までの間に、李承晩政権が在日コリアンの法的地位にいかに関与したかを確認する。この時期は、韓国政府が在日コリアンの処遇改善に向けて、初めて日本政府と接触した重要な時期である。

第四章では、一九五三年から一九五七年の日南北関係[20]をめぐる韓国政府と在日コリアンとの関係を検討する。この時期は、日韓会談における日本側の朝鮮植民地認識をめぐって両国関係が悪化した時期であるが、逆に日本と北朝鮮との関係が密接になった時期でもあった。このような背景を念頭に置いて、日朝関係改善の動きに呼応する韓国政府と在日コリアンとの関係の変化に注目する。

第五章では、一九五八年から李承晩政権の終焉までの帰国事業をめぐる韓国側の対応に注目する。同年から、ICRCを中心に日本政府、日赤、朝赤の間で、北朝鮮への帰国を求めていた在日コリアンの帰国事業が実施に向けて動き出していた。それに並行して、当時の韓国政府が帰国事業問題について日韓会談でどのような対応をしていたかを確認する。

以上の検討を通じて、李承晩政権のもとで在日コリアンがどのように包摂され、排除されてきたかを明らかにする。

第一章　戦後在日コリアンの処遇をめぐる李承晩政権と民団との関係

――一九四五年～一九四八年を中心に

第一節　東アジア冷戦体制による在日コリアンの処遇

第一項　米軍政庁による南朝鮮占領の背景

ここでは、東アジア冷戦体制[1]によって、南朝鮮[2]側の分断体制がどのように構築されてきたかを確認する。

戦後、アメリカはソ連が朝鮮半島を占領することを憂慮して、南朝鮮を占領した後、一九四五年八月一〇日から一一日の間に朝鮮半島に「38度線」[3]を設置した。アメリカは朝鮮半島を南北に分割占領することを要求し、ソ連もこれに同意した。こうして、南朝鮮は在朝鮮米国陸軍司令部軍政庁（以下、米軍政庁）が占領し、朝鮮半島の北側はソ連が占領した。一九四五年一二月一六日には、アメリカ、イギリス、ソ連の外相らが集まって、モスクワで第二次世界大戦の処理に関する問題を討議した。討議の結果、朝鮮半島に関しては、四ヵ国（アメリカ、イギリス、ソ連、中国）が五年間の信託統治をすることになった[4]。ここで、信託統治とは、朝鮮半島に安定的な政府が樹立されるまで、先の四ヵ国が中心となって統治することである。

一九四七年一月、米軍政庁は南朝鮮の住民らの「人口動態の正確性」を期して、「投票（制度導入──筆者）」などのために、全住民に居住登録をさせ「登録票」を発行することを要求した。「登録票」は、北朝鮮で一九四六年九月から実施されていた住民証明書制度である「公民証」に対応するものである。米軍政が要求した登録票は北朝鮮の公民証のようなものであり、「南朝鮮の合法的居住者であることを証明」するものだった[5]。この二つの証明書によって朝鮮半島の住民らは南と北に行政的に区別されるようになった。

ここで、南朝鮮の政治機構が当時どのように構築されてきたかを、徐仲錫《ソジュンソク》の研究を参考にして確認しておこう。一九四五年九月、南朝鮮では、新たな国家を建設するために活動してきた朝鮮人が政治的な左右摩擦を調整しながら、アメリカの信託統治に対する反対活動と、日本の統治機構を脱却する朝鮮の自主的な国家形成の準備の動きをみせていた。しかし、米軍政庁は、日本の植民地支配を支持した人物（以下、親日派）と、上層階級出身の右翼的朝鮮人が所属する「韓国民主党（以下、韓民党）」を庇護しながら、日本の統治機構を維持するようになっていた。なかでも米軍政庁は親日派と韓民党に公的権限（警察権など）を付与して、南朝鮮における朝鮮人の自主的な国家形成の動きと、反信託統治の運動を無力化させた[6]。ここで確認できるのは、米軍政庁が植民地支配の統治機関を生かしながら、アメリカとの関係が密接な者に南朝鮮の統治権を掌握させようとしたことである。これによって、南朝鮮の政治家はアメリカとの関係が密接な者たちが中心となり、これが以後の韓国の政治体制の基盤になった。

これに加えて、南朝鮮に反ソ連イデオロギーが形成される動きもあった。当時のアメリカは朝鮮半島に新たな政権ができるまえに、アメリカ・イギリス・ソ連・中国が五年間行政管理を行う「朝鮮半島の統合行政」をソ連に提案したが、これに対してソ連は、先に政府を樹立して四ヵ国が共同管理を行うとする、アメリカ案に反対する意見を出した。しかし、一九四五年一二月に米軍政庁は、ソ連が朝鮮半島の信託統治を主張していると『東亜日報』などを通じて意図的な歪曲報道を行わせた[7]。これによって南朝鮮では、アメリカが朝鮮半島の独立を主張しているにもかかわらず、ソ連が信託統治を主導しているという根拠のない噂が流れ、「信託統治は植民地の延長線である」と考える朝鮮人たちによる反信託統治集会が全国に広がった[8]。信託統治によって朝鮮半島が四ヵ国に管理されることは独立ではなく植民地支配の延長だと考える者たちの反感を呼び起こし、それが反信託統治運動として広がったのである。

第二項　戦後の在日コリアンの処遇

一九四五年七月二六日にポツダムで行われた連合国首脳会談で「ポツダム宣言」が発表され、日本政府には降伏が要求された。以後、アメリカによる原子爆弾投下やソ連の参戦によって日本政府はポツダム宣言の受諾を決定し、一九四五年八月一五日に日本の天皇が無条件降伏を受け入れる意思を放送した。これによって朝鮮人らは三六年間の日本の植民地支配から解放された。しかしながら、日本政府は八月二四日の終戦処理会議で「朝鮮ニ関スル主権ハ独立問題ヲ規定スル講和条約批准ノ日迄法律上我方ニ存スル」とし、ポツダム宣言受諾にも拘わらず、日本にいる朝鮮人に対する主権を引き続き日本政府が有するとの立場を主張した[9]。

一方、九月のＧＨＱによる日本占領後、日本は朝鮮に対する支配権を喪失し、朝鮮は植民地支配から解放されたわけであるが、そのことは三六年にわたり「日本国民」とされてきた朝鮮人の法的地位を非常に不安定なものにする結果を生み出した。とりわけ、日本在住の朝鮮人は、いまだ朝鮮半島に主権国家が存在しない状態であったため、国籍法上は日本国籍を維持することになった。そのため朝鮮半島出身者は「朝鮮」という戸籍表記を維持するようになり、日本人と区別された。韓国併合によって朝鮮人を「日本人」として取り込み、皇国臣民化政策によって積極的に同化を推し進めた日本政府は、手のひらを返したように朝鮮人を外国人として切り捨てようとしたのである[10]。以下では、このような背景を踏まえて当時の在日コリアンの処遇問題をみていきたい。

日本政府において、朝鮮人をどう取り扱うべきかという問題が積極的に論じられたのは、参政権をめぐる議論においてである。一九四五年九月一八日に東久邇宮《ひがしくにのみや》首相が選挙法の根本的改正が必要であると発言してから、一〇月九日には本格的に衆議院議員選挙法の改正作業に向けた検討会議が行われた。一〇月一六日に開かれた同委員会では、副議長（議員名不明―筆者）が「今日カラ根本的ノモノヲ論議セラレタイ」と述べたうえで、「沖縄樺太朝鮮ヲドウスルカ」と述べている[11]。つまり、ここで初めて在日コリアンの参政権の処理についての話題が出たのである。日本政府が一一月までに行った会議の結果は「鮮台人（在日コリアン・台湾人―筆者）の選挙権停止」であった[12]。水野直樹によると、この結果を招来したのは衆議院議員であった清瀬一郎の「鮮人、湾人ニ対スル選挙権及被選挙権ヲ与ヘル理由如何、九月二日ノ降伏文書ノ調印ニヨリ朝鮮台湾ニ対スル統治権ハ喪失サレタモノト解スル、依ッテ国民デハナイ、依ッテ之〔参政権の賦与〕ニ反対スル（〔 〕内は水野による）」という発言に日本の議員らが賛同したためだという[13]。

では、日本を占領していたＧＨＱは在日コリアンをどのように捉えていたのだろうか。一九四五年一〇月にGHQは「軍事上の安全が許す限り中国人たる台湾人及び朝鮮人を解放人民として処遇すべきである。彼らは、この指令に使用されている『日本人』という用語には含まれない、しかし、彼らは、いまもなおひきつづき日本国民であるから、必要な場合には、敵国人として処遇されてよい」と発表した[14]。一九四六年四月八日、GHQは在日コリアンの国籍について朝鮮半島に政府が樹立されるまで「日本国籍を保持しているとみなされるべきである」[15]と勧告しているが、この勧告の背景には、在日コリアンは法の下で保護されるべき存在であるという見解があったことがみてとれる。しかしながら、この勧告によって在日コリアンは解放民族であるものの、いまだ日本政府にも従う地位にとどまり、参政権がないけれども日本の国民として扱われるという両義的な存在となってしまった。

同年二月一九日、日本政府はGHQに在日コリアンの管理を行うための刑事司法権を要求していたが、これに対しGHQは「朝鮮人に関しては、まもなく特別な政策が樹立される」[16]と答え、明確に在日コリアンに対する刑事司法権を否定した[17]。そして、一一月にGHQは「朝鮮人の地位及び取扱に関する総司令部民間情報教育局発表」において、「日本にいる朝鮮人で連合国総司令部の引揚計画に基いてその本国に帰還することを拒絶するものは、正当に設立された朝鮮政府が彼ら（在日コリアン―筆者）に対して朝鮮国民として承認を与える時まで、その日本国籍を保持しているものとみなされる、と本日総司令部係官が警告」した[18]。

一方、一九四五年一〇月頃には日本政府は在日コリアンや台湾人らが行っていた闇商売を統制する必要性を認識するようになった。解放以後、それまで在日コリアンの多くが従事していた軍需関連産業が敗戦にともなって解体してしまったことや、日本人引揚者の増加によって職を奪われたことにより、日本国内で朝鮮人の働ける場所はきわめて限られた状態になった[19]。その結果、生き残るために闇商売を選択する者が現れたのは当然のなりゆきであった。GHQの日本占領の初期の目的は、経済効率の向上ではなく日本の武装解除による非軍事化であったが、ソ連に対抗するために日本の経済力を復活させる方向へと変化していった[20]。一九四七年、GHQは在日コリアンの税金問題と闇商売を日本の経済向上に対して障害を与える問題要因として認識し、在日コリアンについての報告書の中で「不明確な地位を利用して」在日コリアンが行っている「不法行為を抑制するため、適切な司法権および司法的統制を追加して設ける必要がある」と述べている[21]。その結果、一九四八年八月に「適切な日本の政府機関によって日本の法律を施行するにおいて日本帝国政府による刑事裁判権の行使を支持するために、（省略）日本政府機関に連合国民を逮捕する権限を認める」と勧告した[22]。これによって、在日コリアンは日本の法的地位だけではなく日本政府の統制を受けることとなったのである。このように日本当局とGHQの方針のずれによって、在日コリアンは流動的な法的地位に置かれていたのである。

さて、ここで戦後の日本において在日コリアンが外国人とみなされるようになった過程についてみよう。一九四六年夏、朝鮮人の密入国問題について、当時の吉田茂内閣は「外国人登録に関する法案」を準備し、在日コリアンと台湾人を統制しようとした。外国人登録法案は、一九四六年八月六日に設置された内務省調査局を中心に、内務省警保局や司法省民事局の担当者も協力して進められた。その結果、日本政府の外国人登録法案は、大枠が完成し、GHQに提出された後、承認を受けた[23]。

そして、年末ごろ、内務省調査局第四課長・秦重徳《はたしげのり》の指示のもと、居住証明や朝鮮人登録のように、朝鮮人のみを狙い撃ちにする法令ではGHQの承認を得られないと考え、外国人一般の登録法として立案したのである。その後、一九四七年五月二日に「外国人登録令（以下、外登令）」が制定・公布されることになった[24]。このように、在日コリアンの外国人登録が行われたことによって、国籍上の扱いは日本であるにも拘わらず、外国人とみなされることになったのである。

第三項　在日コリアンの日本への定着と密航

一方、日本政府は一九四五年八月二一日に戦中に行った朝鮮人徴用を解除し、三〇日には山口県の仙崎港より帰還第1船が出港した。九月一日には日本の厚生省と内務省が、朝鮮人を優先的に帰還させること、帰還者の手荷物は本人が持てる程度にすること、帰還者の世話は中央興生会が中心となって行うことなどを通達した。帰還の優先順位は第一が朝鮮人軍人・軍属、第二が「集団移入労働者」であった[25]。

しかし、このように祖国への自主的な帰国が開始されてもなお、日本への残留を選んだ者もいた。一九八二年一〇月に「在日本大韓民国青年会」が在日コリアンを対象として実施した調査によると、解放後、日本に残留した人々はその理由として次のように答えている[26]。

①帰国後の生活の基盤がない。
②韓国（朝鮮半島）の情勢が不安定である。
③朝鮮戦争が起こったから。
④本国の食料事情が悪いから。
⑤病が発生したから

⑥南北（祖国）の分断

この調査結果から、在日コリアンの残留の理由の大部分を占めるのは政治・経済的なものであったことがわかる。とりわけ、在日コリアンの多くが慶尚道や済州島など日本からの距離が近い朝鮮半島南部出身者であったため、大韓民国樹立後の韓国における政治状況が混迷を極め経済状態も劣悪であったことを知って、「故郷」に帰りたくても帰還するかどうか迷っていた在日コリアンが多かったのである。

一方、朝鮮半島の分断体制下で、逆に韓国から日本に密航する朝鮮人らも現れるようになってきた。当時、朝鮮半島は急激な人口の増加による住宅難・食料難と政治的混乱で、日本から朝鮮への帰還者が減り、また、朝鮮にいったん帰還した者であっても、再び日本に戻ってくるケースが目立つようになっていた。このような動きに対して、米軍政庁がＧＨＱに日本へ再入国させない対応を要請した結果、在日コリアンは日本への再渡航が禁止された[27]。

さかのぼれば、植民地支配のもとでの日本の対朝鮮人密航者政策は、一九一九年四月一九日「警務総監部令三号」、「朝鮮人旅行者取締に関する件」の施行にともなう密航者、不法滞留者などの監視及び取締により開始された。日本の敗戦で一九四五年八月二一日からこの業務をＧＨＱが引き継ぐことになり、朝鮮人帰還政策が外登令に違反する者を管理する道具として活用されていた。一九四六年二月一七日にＧＨＱは「朝鮮人、中国人、琉球人及び台湾人の登録に関する覚書」を定め、一九四六年三月一八日から本国への帰国を希望するものを登録させ、佐世保港を帰還港に指定して、朝鮮人を帰還させた。そして、ＧＨＱは大阪府に居住している密航朝鮮人を送還するために、一九四六年一〇月に「扇町臨時収容所」を設置した[28]。

一方、一九四六年の四月から一二月の間には一万七千人の朝鮮人が不法密入国で逮捕されているが、密航者の多くは摘発を逃れようとありとあらゆる努力をしたため、入国者の実数はそれをかなり上回る数になると考えられる[29]。朝鮮人の日本残留や密航による日本への再渡航を促進した要因としては、経済難が大きかった。一九四八年の大韓民国建国直後の経済的問題について、韓国精神文化研究院（現、韓国学中央研究院）による分析から、二つの要因が確認できる。

一つ目は、植民地経済を支配していた日本帝国の権力と資本及び技術が敗戦にともない朝鮮半島から撤収したことで、供給及び生産が激減したという点であり、二つ目は、日本だけではなく満州や中国を始めとする海外からの帰国者による南朝鮮の人口増加である[30]。つまり、生産性が低下したにも拘わらず爆発的に人口が増加したために、国民一人当たりのGDPが極端に低下したのである。

それに加えて、一九四八年の大韓民国政府樹立後の国家予算は、北朝鮮を牽制するために国防と国内の治安処理を中心に構成されていた[31]。つまり、北朝鮮との対立に起因する予算が中心となって、経済再建政策のための投資が後まわしにされるという状況であった。そのため、日本にいた朝鮮人らは日本への残留や帰国後の密航による再渡日を選択するようになったのである。

このような理由に加えて、在日コリアンが帰国しなかった理由については、一九四五年九月二一日付の『京城日報』に掲載された在日コリアンのインタビュー記事も参考になる。この記事でインタビューを受けている在日コリアンは「一四年間大阪で生活していた朝鮮人」であり、「国民学校から今日まで内地（日本）で育ち朝鮮語もはっきり出来ず」生活をしてきたと語っている[32]。つまり、日本の敗戦時に朝鮮へ戻らなかったのは、朝鮮で生活するうえで必要な言語力が不足しているという自覚とともに、朝鮮での生活に適応できるかどうかという不安が根底にあったことがみてとれる。慣れない土地で苦労するよりも、生活基盤をすでに確保している日本国内での生活を持続することは一部の朝鮮人にとってはきわめて現実的な選択であった。この記事ひとつだけで、当時の朝鮮人の残留理由を代表させるわけにはいかないが、多数の在日コリアンが日本に残った理由であったと考えてもよい内容ではある。

もう一つの要因となったのは、日本円の持ち出し制限であった。一九四五年一〇月一二日にGHQが出したSCAPIN－127「金、銀、有価証券及び金融上の諸証書の輸出入統制法に対する追加指令に関する覚書」によると、在日コリアンが帰国するとき「一人につき一〇〇〇円（二〇一九年の貨幣価値で約一五万円―筆者）を超過しない範囲内において円通貨の携行を許可する」[33]との規定があった。なぜこのような規定が定められたのかというと、当時のGHQ文書を検討した洪仁淑によれば、「日本から朝鮮に貨幣が輸入されると、インフレの原因になるので、これを止めるためには、持参金を制限しなければならない」[34]との主張がGHQ内にあったからだという。当時、朝鮮人に対して日本の各銀行の通帳と生命保険証の携帯が許可されていたが、朝鮮に帰還すればもはや日本に再入国できないため、通帳などは現金とは異なり現実的に無意味なものであった。

したがって、祖国に戻っても親戚もいなかった者や、生活基盤をあらためて築く自信がなかった者にとって、朝鮮半島への「帰還」にはそれほどの利点が感じられず、動機付けに欠ける側面があったのである。

第二節　分断された在日コリアンの団体

第一項　朝連の結成

在日本朝鮮人連盟（以下、朝連）は一九四五年一〇月一五日、日本に生活していた朝鮮人のうち、進歩的な共産主義者、民族主義者、親日派を中心に「帰国対策、失業対策、民族的な団結の強化、民族意識の高揚と道徳の向上、在留同胞の生命財産の保護、生活困難な同胞の救済など」を目的として結成された。そのとき中心になったのが、戦時からの現存勢力たる保守的親日系の朝鮮人と、戦後活動を再開し始めた共産主義者たちであった[35]。

同年一〇月、在日コリアン社会で共産主義運動の中心人物であった金天海《キムチョネ》などが朝連に合流した。金天海は戦前・戦時期に共産主義に基づく抗日運動・独立運動をしたために、在日コリアン社会で指導力を持っていた人物であった[36]。金天海の朝連への合流によって、朝連の共産主義者らは「親日派」に批判を加えつつ、彼らの目から見て親日派だと思われる在日コリアンを朝連から追放するようになっていく[37]。

それでは、朝連に共産主義者が多かったのはなぜだろうか。これについては、外村大の研究から確認できる。一九二〇年代に日本の各地域で朝鮮人たちはコミュニティをつくって、貧困者救済、職場紹介などの相互扶助をしていた。一九二〇年代後半に朝鮮人労働者の飯場の社会主義系の民族別労働組合である「在日本朝鮮労働総同盟（以下、在日労総）」は、このコミュニティを通じて組織を拡大したと外村は論じた[38]。加えて、当時のリーダー層の朝鮮人は、日本社会にある様々な朝鮮人の処遇問題の解決に努力していた中心人物であったが、中には在日労総と協力し社会主義運動に影響を受けてきた人物も存在した[39]。一九三〇年代、コミンテルンとプロフィンテルンの方針転換を受けた在日労総は、日本労働組合全国協議会（以下、全協）へと発展的に解消して、労働運動・反帝闘争を展開したが、日本政府から弾圧を受けて、全協は崩壊した。以後、一九三〇年代半ばコミンテルンの反帝国主義民族統一戦線と人民戦線戦術の採用による合法組織に依拠して朝鮮人運動の再結集を図ったが、それも日本政府の弾圧によって途絶した[40]。外村は当時の日本の朝鮮人社会における労働賃金問題、朝鮮人を対象とした住居の確保、消費生活、医療などの様々な問題によって、朝鮮人の社会主義運動が活発になったのは、その生活環境が呼び起こした自然発生的な動きであると論じた[41]。外村の主張によれば、戦後にも朝鮮人に対する日本社会からの抑圧が存在していたので、在日コリアン社会には社会主義運動が浸透していたというのである。

それでは、当時の朝連は具体的にどのような活動を行っていたのか。まず、朝連の規模について、内務省調査によれば、一九四五年一二月一〇日の時点で、山形、群馬、埼玉、神奈川、石川、福井、岐阜、三重、大阪、神戸、奈良、岡山、愛媛に、保安隊、自衛隊、警備隊、治安隊などの組織があった。そして朝連は、日本社会から排除されている在日コリアンには、いまだに関東大震災時の朝鮮人虐殺の恐怖心が存在していたので、彼らの生命と財産を守るために、治安活動も行っていた[42]。また、それだけではなく、朝連は戦前に日本の政府機関と企業らが行った朝鮮人に対する不当な処遇（強制貯金、家族送金、退職金の未払いなど）に対する、補償も要求していた[43]。

一方、一九四六年一月、朝連の第一回文化部長会議では「日本帝国主義侵略的教育から一日も早く退学させるため完全な児童教育機関を設置すること」と「本国に帰って入学するにあたり、国語が絶対条件である」という趣旨で、各地域に小学校にあたる初等学院を設置するようになった。そして、朝連で活動する人材を育成するために「朝連中央高等学院（当初の名称は「朝連学院」であった）」を始め、各地域に高等学院を設置した[44]。

第二項　建青・民団の結成

朝連に反する団体としては、一九四五年一一月に結成された朝鮮建国促進青年同盟（以下、建青）と、一九四六年一月に結成された新朝鮮建設同盟（以下、建同）があった。建青と建同の理念は、反共産主義（以下、反共）が中心でありつつも、分割されている祖国を統一させようとするものであった。建同を結成する際、その団員らは朝鮮独立運動家として有名な朴烈《パクヨル》を団長に擁立し、建青と共に反共運動を始めた。その後、建同は同年一〇月に反共陣営の大同団結のために解散し、「在日本朝鮮居留民団（以下、民団）」となった[45]。その際、建青は組織としては残り、民団の結成に協力することになる。それでは、民団がどのような政治的な活動を行っていたかを確認するために、中心人物の経歴と活動内容を検討してみよう。

まず、初代団長であった朴烈について説明する。当時の朴烈は、戦後の在日コリアン社会でカリスマ的な存在として評価されていた。一九〇二年に慶尚北道聞慶に生まれ、日本の植民地支配による国家暴力に抵抗する抗日運動家であった。朴烈は植民地支配下に行われている教育制度が朝鮮人を抑圧していることについて問題意識を持って抗日運動を始めた。しかし、朝鮮半島での抗日運動に限界を感じ一九一九年一〇月に朝鮮半島から日本に渡った。渡日後は日本でアナーキズム思想に基づいて日本の朝鮮植民地統治に反感を持っていた朝鮮人や一部の日本人と連帯して抗日運動を展開した。朴烈は一九二〇年代に結成された「黒友会」で抗日運動を続けていたが、天皇暗殺を計画したとの容疑で死刑判決を受けた。その後二二年間服役した後、一九四五年八月の日本敗戦を経て、同年一〇月に釈放された[46]。当時、朝連は朴烈を迎え入れるつもりであったが、朴烈はこれを拒否した。朴烈は朝連を「権力の野心家」として批判し、理念的に一致しないと述べている[47]。

建同設立後、朴烈は一九四六年二月二六日の記者会見で、自身は過去の日本の軍国主義を嫌悪していたが、朝鮮は独立したので天皇制に対して「毒を以てする気持ちはない」と主張し、むしろ新生日本のために協力する立場であると語った[48]。一方、民団は、過去は過去として認め、「相互の親善を保全」し「共存共栄と東洋平和」のために貢献しなければならないということを団体の設立理念として掲げていた[49]。一九四七年六月六日に内務省側が民団中央総本部を訪問した時のことである。その日、朴烈は「外国人登録」問題について日本政府に協力する立場から、次のように述べた[50]。

一、登録は当方で実施し、日本側に提出諒解を求めるべき性質のものであるのに却って日本側において実施し協力を求められたのは恐縮に堪えない。我々は全面的に協力する。

二、自分個人としては、日本の再建に協力し得る者又は産業方面において（労働者として――鄭）日本側に尽力できる者以外は朝鮮に帰したいと思っている。

二（ママ）、日本と朝鮮は従来の感情をふりすてて相提携しなければ亡びる。日本は敗れたが、兄であるから我々は弟分として朝鮮を立派に建国して日本の再建に尽力したい。〔51〕

この朴烈の発言から、民団が日本政府との関係を親密にしようとする立場であったことが確認できる。金太基によると、朴烈は朝連から排除された親日系在日コリアンを包括する態度をとり、彼らと共同で建同を結成したが、朴烈のこうした動きは日本との関係を密接にしようとする態度によるものであると論じている〔52〕。この点については筆者も同意する。

民団は朴烈を中心として結成されたが、ここでは具体的に構成員の政治理念を確認してみることにする。建同に加わっていた者について『権逸《クォンイル》回顧録』で確認すると「朴烈氏系の無政府主義者たちと中立的な民族主義者、朝連から追い出された反共の人達が集まった」とされている〔53〕。当時の建同員の具体的な政治理念や民団に加担する要因について、現在確認ができる範囲で説明してみる。

まず、建同設立時から朴烈と共に活動し、副委員長であった李康勲《イガンフン》と元心昌《ウォンシムチャン》についてである。一九三三年に、アナーキストである李康勲と元心昌は、当時の駐中公使である有吉明《ありよしあきら》が「蒋介石を買収して、朝鮮人革命者」を検挙しようとしていると知り、有吉明の暗殺を計画した。しかし、暗殺に失敗して、同年三月一七日に逮捕され、二人は長崎刑務所に投獄され、一九四五年一〇月に釈放された〔54〕。

次に、朝連から「親日」と呼ばれていた権逸と曺寧柱《チョヨンジュ》である。彼らは戦前に「東亜連盟論」に賛同した経歴がある。その当時の二人の活動を確認してみよう。「東亜連盟論」は、一九三八年に日中戦争下において日本陸軍参謀本部や関東軍の革新派指揮官であった石原莞爾が主張していた論理である。石原は当時、ソ連の共産主義の拡散を防ぐために、日本の首相に対して他国の侵略を放棄して天皇の「内面的な指導」に基づいて「政治的な独立」を強調し、そして新たな東アジアの連帯を構築しようとする論理として「東亜新秩序論」を主張した。

それとともに石原は、日本の朝鮮に対する植民地支配には不平等な面があるとの問題意識を持っており、「東亜連盟論」を主張していたのである[55]。権逸と曺寧柱は石原との接触によって「東亜連盟論」を受け入れるようになった。松田利彦の研究によれば、一九四四年、曺寧柱は小磯国昭内閣の発表した、朝鮮人、台湾人への限定的参政権付与などのいわゆる「処遇改善」の方針に対し、「民族処遇ニ就テハ非常ニ好感ガモテタ」という感想を漏らしてもいる。そして、権逸と曺寧柱は一九四五年一月頃、日本政府による「処遇改善」実施に感謝すべく結成され、地下航空機工場建設のために朝鮮人動員に加担したとされる「在日朝鮮人一心会（以下、一心会）」でも活躍して名を馳せた[56]。

植民地解放直後、権逸と曺寧柱は朝連との関係について「共産主義者が内部を固めて」おり自分たちは「親日家だ、売国奴だといわれてつるしあげ叩かれ」たと述べている[57]。当時の朝連の見解として、権逸と曺寧柱は在日コリアン社会における「売国奴」と位置付けられていた。一心会で日本の戦争に加担していた権逸や曺寧柱と、日本の植民地支配を否定していた朝連との摩擦は当然であった。加えて、権逸と曺寧柱は日本に対する評価が肯定的であったので、親日路線であった建同に加担するのも当然であっただろう。「東亜連盟論」と日本政府が行った「処遇改善」による影響なのか、一九七九年の曺寧柱のインタビュー内容を確認すると、日本の植民地支配には肯定的な側面もあると、以下のように主張している。

日本の総督政治も考えてみれば肯定面もあってですね。（中略）イギリスのインド統治をみるとインド人にはなるべく教育などは受けさせないで、労働力だけはフルに利用した。知るは憂いのもとなりで、なるべくなら牛か馬みたいに無知文盲にさせておこう、就学には高税をかけるという、植民地経営の一つのパターンがあるわけです。そのくせ、国民会議派の独立演説会などは見てみないふりをする。ところが日本はむしろ同化をやろうとしてみたりする。[58]

曺寧柱は、日本の朝鮮植民地支配を他国家の統治形態と比較して肯定的に評価していた。上の二人について尹健次《ユンコンチャ》は、元民団幹部でさえ、権逸や曺寧柱を指して「かつての旧親日派、ある意味で民族反逆者的分子」と指摘したと説明しながら、「こうした批判的言辞を真に受けていいのかどうかも問題になろう」と述べている[59]。確かに尹健次が指摘するように、この二人に対して「親日」とみなす見解が一般化されるのはあまりも暴力的かもしれない。権逸と曺寧柱をどのように語るべきであるかはこれからの課題として残すが、この二人については、民団が日本との関係を緊密化していくうえで影響を与えた存在と評価するのが実態に近いのではないかと思われる。

一九四六年一〇月三日、建同員は民団を創設するために建同を発展的に解散させたが、民団になった後には構成員も新しくなった[60]。民団として再結成される際には中心人物が変化したが、その中では鄭哲《チョンチョル》が文教部長になったことが注目される。鄭哲は植民地解放前、アナーキズムに基づく抗日運動をしていた[61]。当時の民団は、アナーキストとして有名であった朴烈や李康勲、元心昌などの中心人物が結成した組織であったため、鄭哲はそこに惹かれて民団に加入した可能性がある。また、地方部長であった金載華《キムジェファ》は秋田県で朝連結成準備委員をしていたが、同時に出獄した朴烈の面倒をみる人物でもあった[62]。金載華が民団に所属した明確な理由はまだはっきりしないが、朴烈との密接な関係が影響しているものと考えられる。

次に民団の協力団体であった建青員の活動を確認する。一九四五年一一月一六日に結成された建青の政治イデオロギーに関して、高祐二《コウイ》は資料と関係者とのインタビューを通じて以下のように説明している[63]。

建青は、母国語も知らない、日本生まれの「皇国臣民化教育」を受け、「日本人」として育った若者が多数集っていた。彼らが一〇代後半から二〇代前半にかけての最も多感な時期は太平洋戦争の真っ只中で、共産主義や社会主義に触れることもなく、将来は帝国軍人となって「お国」のために戦争で死を選ぶという決意をする者も少なくなかった。必然的に彼らは反共的になり、軍人に憧れる軍国主義者になっていったのである。

つまり、建青員の中には、祖国とは日本であるという教育を受けた日本の軍国主義青年も存在していたというのである。そして、彼らは「母国語、母国の歴史をよく知らなかった」し、「日本軍国主義から『新生独立祖国建設』という『民族的』感情のある意味『転換』」を余儀なくされたので、共産主義的な要素を受け入れる余地は少なかったと説明している。このような建青の政治イデオロギーが、朴烈が志向する日本との関係改善を支持することにつながった可能性が示唆されている。以上、当時の建青・民団員らの来歴を確認したが、大きく分けると、アナーキストと親日派の在日コリアンが中心となって両組織は運営されていたと言える。

第三項　李承晩政権と民団との関係形成

韓国内だけではなく、民団内部にも建同の時代から、反信託統治を表明する動きがあった。鄭栄桓の研究によれば、「建同はモスクワ決定反対を掲げ、李承晩や大韓民国臨時政府の主席・金九《キムグ》ら南朝鮮の反信託統治勢力と結びついた。李康勲・朴烈は一九四五年一二月二八日に金九ら臨時政府勢力が結成した『信託統治反対国民総動員委員会』に中央委員として加わっており、李康勲は同委員会の東京への派遣代表も務めた」[64]。つまり、李康勲は日本内で反信託統治を主張していたのである。

李康勲の回顧によれば、建同は「初期には無政府主義系統の反帝抗日闘志らがその中心勢力」であった[65]。加えて、当時の金九は同年から一九四七年にかけてアメリカとの協力を模索しながら、アメリカとソ連の信託統治に反対する立場をとっていた[66]。李康勲は金九との関係は密接であったし[67]、初期の建同は「白凡（金九—筆者）先生の路線」であったと認識していた[68]。李康勲が建同の副団長になるなど、積極的に在日コリアン民族団体に加担した理由は、金九との関係が大きかったと言える。元心昌も李康勲と同様に、反信託統治を支持する立場であり[69]、朝鮮半島の統一国家路線をとっていた。つまり、李康勲と元心昌は、民団内部の代表的な反信託統治派であった。

一方、南朝鮮では、米軍政庁と李承晩を中心として、まずは南朝鮮だけの単独政府樹立が進められていた。一九四六年一二月五日、李承晩は戦後賠償問題と朝鮮半島の信託統治問題、南朝鮮の政府を中心にする統一政府問題などを扱うために国連に行く途中で、日本に立ち寄った。日本では、東京の帝国ホテルで李承晩と民団長である朴烈との会談が設けられた。その際、李承晩は朝鮮半島の情勢、特に当時推進していた南朝鮮の単独政府樹立について朴烈に説明した。そして李承晩は、朴烈に対して、自分は在日コリアンの実態に関心を持っており、「在日同胞の実情と意向が聞きたい」と話し、在日コリアンへのメッセージを託した。このように李承晩は在日コリアンに関心を示していたのだが、当時の民団はこれを「博士（李承晩―筆者）のメッセージ」として「共産主義を排撃する統一」を目指すものと解釈している[70]。李承晩がみせた在日コリアンへの関心は、当時の民団にとって、非常に信頼できるものとして受容されていたのである。

『民団新聞』によれば、同月一〇日の李承晩と朴烈の会見において、GHQの司令官であるマッカーサーが李承晩に在日コリアンの「意向を知りたい」と要望したことを李承晩は朴烈に伝えた。それに対して朴烈は「朝鮮人法的地位及待遇を改善し、生活権を擁護し、朝鮮人帰国輸送荷物制限を徹《ママ》廃すると共に、毎日定期船と同じ施設を十二月十五日後にも特別に考慮を願ふ《ママ》等色々當面に切実な問題を博士を通じて要請した」と在日コリアンに対する便宜を李承晩に要求している[71]。この経験から、朴烈が李承晩を通せばGHQ側に在日コリアンの様々な問題を伝えられると思ったものと確認できる。

翌一九四七年四月、李承晩は韓国の単独政府樹立を主張するために国連総会に行く途中に日本へ来たときにも、再び朴烈と会って韓国単独政府樹立への支持を得るために彼を説得している。そして朴烈はそれを受け入れた[72]。しかし、当時の民団の内部ではこれに反対意見を表明する者が多かった。権逸の記録には「民団は祖国の統一独立論が支配的で、多くの幹部はいかなる場合でも国土の分断は許すことが出来ないという立場」であり、「単独政府派とこれに反対する南北協商派とに分かれ、内部の分裂が始まった」と書かれている[73]。当時、南北統一国家を主張する金九を支持していた民団副団長の李康勲は韓国単独政府樹立に反対する「南北協商論者」であった。

一方、南朝鮮の単独政府樹立の件が国連に移管され、一九四七年一一月一四日国連総会は、韓国独立問題に関して、「人口比例による総選挙」を決議し、九カ国（オーストラリア、カナダ、中国、エルサルバドル、フランス、インド、フィリピン、シリア、ウクライナ）が代表となり、国連韓国臨時委員団（以下、国連韓委）を構成し、朝鮮半島問題を具体的に議論した。一九四八年一月八日、オーストラリア、インド、シリアの代表らがソウルに来て、朝鮮半島の分断問題を取り扱っていた。しかし、国連韓委と対面した李承晩が南だけの単独政府樹立を主張してソ連を刺激し、同月二四日、ソ連軍は国連韓委の北側への入国を拒否した。以後、一月末にソ連を除いた国連韓委によって、南側の単独総選挙を実施することが決まった[74]。

民団側は、朴烈と李承晩との会談の結果を踏まえて、一九四七年一二月六日に第四回中央議事会を開き、国連監視下での総選挙を支持することを正式に決定した。そして、李承晩はマッカーサーとホッジからの支持を得ていることに加えて、地方巡回によって支持基盤を確保した[75]。その後、一九四八年五月一〇日に南朝鮮制憲単独選挙が行われ、一九四八年八月一五日に「大韓民国」が樹立され李承晩が大統領になった[76]。

朴烈は韓国の単独政府樹立式に参加して李承晩と対面した。李承晩は、朴烈との対面をきっかけに、民団を韓国政府が唯一認める日本の民族団体であるとし、名称も「在日本大韓民国居留民団（以下、民団）」

1948年 8月 15日，民団の韓国政府樹立祝賀使節団

（出典：『韓国新聞縮刷版』1巻）

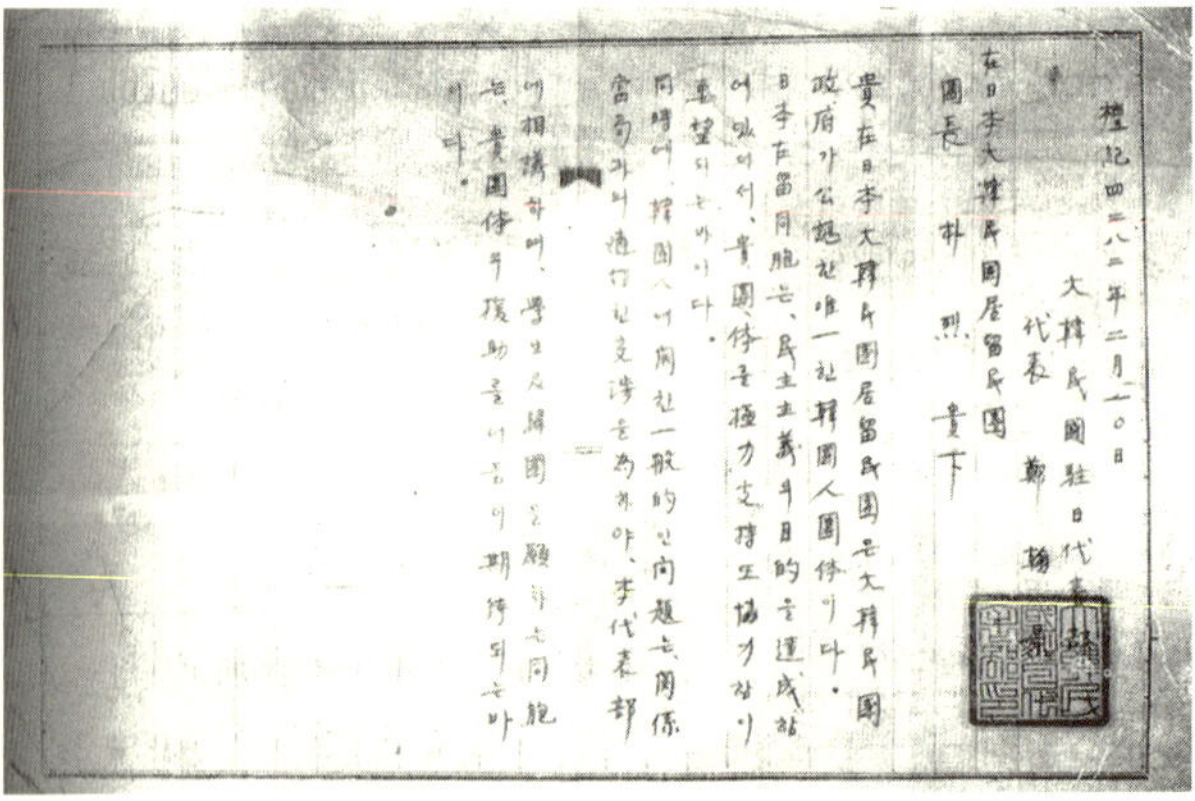

檀紀四二八二年二月一〇日
大韓民國駐日代表 鄭翰景
在日本大韓民國居留民團
團長 朴烈 貴下
貴在日本大韓民國居留民團은大韓民國
政府가公認한唯一한韓國人團体이다.
日本在留同胞는、民主主義의目的을達成함
에있어서、貴團体를極力支持또協力함이
要望되는바이다.
同時에、韓國人에게関한一般的인問題는、関係
當局과의連絡및交涉을爲하야、本代表部
에相議하며、學生及歸國을願하는同胞
는、貴團体의援助를받음이期待되는바
이다.

韓国政府が民団を承認した文書

（出典：『韓国新聞縮刷版』1巻）

へと変更させた[77]。当時の民団員らの反対にも拘わらず、韓国政府を支持する路線を民団が選択するようになっていったことからも、当時の民団内における朴烈の影響力の強さがうかがえる。では、朴烈はなぜ韓国と密接な関係を結んだのだろうか。それについては、朴烈が持っている「国際的な見解」を考えなければならない。

朴烈が著した『新朝鮮革命論』から、彼の国際的情勢に対する見解を確認することができる。まず、朴烈が当時の国際関係をどのように認識していたかをみると「今日、世界いずれの国でも、米ソ両国いずれかの支援なしに、事を構えることなど思いも及ばぬというのが現実」であるという[78]。つまり、朴烈は新国家にはアメリカかソ連、どちらかの支援が必要であると考えていたことがわかる。

すでに説明したが、朴烈が選んだ路線は、アメリカとの関係を親密にしていた李承晩と手を組むものであった。そもそも、朴烈は共産主義の国家及びその支持者に対して反感を持っていたが、アメリカに対しては悪い印象を持っていなかったようである。

朴烈のアメリカに対する見解は「米国が資本主義を内包しつつも、あくまでも自由と平等の原則を守りながら民主主義を標榜し、そして物質文明の最も発達した国家の世界的代表であ」り、「ソ連も、米国から借款を求めたし、兵器の供給も受けた。中国もまた、しばしば米国、英国の借款を受けたし、兵器の供給、軍備、訓練に至るまで米国式を取り入れなければならなかったのである。この意味では世界第一の文明の謳歌者であ」るというものであった[79]。つまり、朴烈の世界認識は、アメリカを中心としたものであった。ソ連も結局はアメリカの影響を受けている国と認識し、アメリカの民主主義を高く評価していた。このような彼の見解が、アメリカを支持していた李承晩政権と密接な関係を結んだ要因として考えられる。

朴烈が大韓民国を支持することによって、建青内部では激しい分裂が起こり[80]、民団では李康勲副団長が辞表を出したのを始めとして、民団の構成員の顔ぶれが変わり始めた[81]。例えば李康勲は、民団が「初期に受け入れた白凡（金九―筆者）先生の路線を守っているようだったが、今一八〇度転換して違う道を歩むようになった」と、親日系の民団員が主導する団体になってしまったことを批判した[82]。これが原因で彼は民団を脱退したものと考えられる。

一九四八年八月一五日に韓国政府樹立記念式典に参加したマッカーサーに対する答礼として、李承晩は同年一〇月一九日に日本を訪問することとなった。以下では、この日本訪問を通して李承晩と民団がいかにして接近していったかについて述べる。

当時の民団は、朝連と比較すると組織的にみても財政的にみても弱小団体であった。李承晩の訪日時、民団は厳しい財政状態ながらも大統領を迎えようと歓迎式の準備をした。しかし、李承晩は安全上の理由からこれに出席せず、韓国の初代大統領を見ようと集まった数千人の在日コリアンは失意のうちに帰宅した。その翌日、李承晩は民団の関係者だけが集まった歓迎式に参加はしたものの、演説のなかでは在日コリアンの諸問題に対して関心を払う発言はほとんどせず、反日感情を刺激するような内容も含まれていた。このような李承晩の言動に失望した者は少なくなく、このときに少なからぬ民団員が脱退することになった。これに加えて、財政難問題が未解決ということなどもあり、朴烈は一九四九年二月に民団の団長を辞任するに至った[83]。朴烈が辞任した理由については今でもよくわかってはいないが、彼の盟友であった李康勲は次のように回想している。

（民団は―筆者）朴烈という存在を建同の看板に掲げて好き勝手に利用する陰険な思考で作られた陰謀団体にすぎない。（中略）朴烈を象徴として受け入れることが、当時の日本で一番広範囲な組織体である朝鮮人連盟と対決できる道であると考えたのだろう。（中略）居留民団と看板を変えてから朴烈を団長に私を副団長に再推戴したが、私は関わってすらおらず、可とか否とかの批判もしないままにいたが、私は民団を去る決心をした。その後朴烈も排斥されて、アメリカにいた鄭翰景《チョンハンギョン》（書籍では「鄭漢卿」と書かれているが、元の漢字は「鄭翰景」である―筆者）という者が在日本居留民団団長に就任するようになった。ついに朴烈も彼ら（民団―筆者）の正体に気付いたがすでに遅すぎた[84]。

李康勲の回想が正しいかどうかは現在のところ確認できないが、李康勲は民団員に対して朴烈の利用価値がなくなったと韓国政府は判断したため、韓国政府と密接な関係を持つ鄭翰景を新たに民団の団長に立てたと述べている。

小　結

本章を通じて、李承晩が在日コリアン社会に接近した過程を確認し、民団を日本での唯一の民族団体として包摂してきた点を確認した。当時、様々な事情によって朝鮮半島に帰還ができない在日コリアンたち自身によって朝連が結成された。一方、朴烈を中心にアナーキスト、反共主義者、親日派、経済人などの在日コリアンらが集まって民団を組織し、朝連と対立してきた。そして、民団団長になった朴烈は、新たな祖国はアメリカ、またはソ連のどちらかの支援がなければならないと思っており、アメリカを肯定的に評価していたので、米軍政庁が支持する李承晩との関係を結ぶことになる。

しかし、このような朴烈の韓国に寄り添う姿勢によって、民団員の中にいた朝鮮半島は一つの国家であるとして統一を求めていた者や、李承晩が民団員を前にして行った講演に失望した者たちは民団を脱退することになった。政府樹立を前後する時期の韓国の在日コリアンに対する対応は、李承晩を代表とする南側単独政府を支持する在日コリアンが中心の民団を包摂しようとすることから始まったのである。

第二章　南北分断体制下での韓国政府の在日コリアン政策
——一九四八年～一九五〇年を中心に

第一節　韓国在外国民登録令による韓国民識別

第一項　駐日韓国代表部の設置と在外国民登録実施の背景

一九四八年八月一五日に韓国政府が樹立された後、九月九日に北側には金日成を首相として朝鮮民主主義人民共和国（以下、北朝鮮）が建国され[1]、南北国家はイデオロギー的に対立するようになった。このような南北分断体制の固定化を踏まえて、当時の李承晩政権は在日コリアンを明確な韓国の国民として管理するために、日本国内に行政的な機関を設置する動きを示した。

李承晩は一九四八年一〇月の訪日時にマッカーサーと会談を行い、駐日代表部を日本に設置することに合意し、初代駐日韓国大使には李承晩の側近である鄭翰景が任命された。鄭翰景はアメリカとの関係が緊密な独立運動家であった。そのため鄭翰景は韓国の親米系として知られ、李承晩が大使に任命した。駐日韓国大使になった鄭翰景本人としては喜んで大使の仕事を引き受けたわけではなかったようで、東京に行くよりもアメリカへ帰って仕事がしたいと李承晩に訴えている[2]。

いずれにせよ鄭翰景はGHQの斡旋により一〇月二四日に東京の帝国ホテルに臨時事務室を設置した。

そして一二月二三日に日本に着き、翌日から大使としての仕事が始まった。鄭翰景はまずGHQと接触して「駐日韓国連絡代表部（Korean Liaison Misson in Japan、以下、韓国連絡代表部）」の大使であると自己紹介し、彼の就任していた間には韓国連絡代表部が機関の名称になった。当時、韓国連絡代表部の職員として勤務したことのある姜聖九《カンソング》によれば、李承晩は鄭翰景に対して「旧朝鮮総督府東京出張所の建物を接収して韓国代表部の公館として使用すること、SCAPの力を借りて朝連を解散させること」などの訓令を出したという。しかし、GHQは韓国連絡代表部の事務所に関しては、「私的な契約で事務所と宿舎を確保すべき」であると言って非協力的であった。それに対して鄭翰景は、李垠《イウン》元皇太子が所有している家屋と土地に韓国政府は権利を有しているはずだとの考えから、李垠の家屋を事務所として使いたいとGHQに要請した。一九〇七年に李垠皇太子を人質として連れてきた日本政府は、彼のために王邸を提供するなど歓心を買おうと努めたが、そのときに李垠に与えられた財産の所有権が戦後も引き続き残っていた。金太基によれば、李承晩が「朝鮮総督府東京出張所の建物はもちろん、李垠の財産にしても韓国政府のもの」であると主張し、「財政的に貧弱な韓国連絡代表部が他の建物を借りることは無理だった」から、鄭翰景に李垠邸を借りることを指示したという。結局、鄭翰景はGHQを通じて、一九四九年一月一七日、臨時的に李垠に毎月一〇万円を支払って家屋を借りるようになった[3]。

　一方、就任時の鄭翰景は民団との関係はこじれており、民団長であった朴烈との関係もよくなかったようである。朴烈と鄭翰景との関係がどのようなものであったかについてははっきりとは断定できないものの、金太基によれば、朴烈が鄭翰景を批判する内容の書簡を李承晩に送ったと鄭翰景が誤解していたことから推して、二人の関係が決してよいものではなかったという。結局、李承晩は鄭翰景が民団との間に協調的な関係を築けなかったとして、在日コリアンに対する彼の管理能力不足を詰責するかたちで、一九四九年二月一四日に召還通知をくだし、鄭翰景は辞任に追いこまれた[4]。初代駐日大使の選定はこのように失敗に終わったのである。

韓国外務部は一九四九年八月一日に「外国に滞留している国民の身分を明確にし、その保護を適切に行うために、その登録を実施する目的」として「在外国民登録令（当時の外務部令第四号）」を施行した。以後、李承晩は九月二日に在日コリアンには「在外国韓国人を全部登録させ、登録しない者には公民権をみとめない」とともに「登録を拒否する者があれば、彼（登録しない者—筆者）は共産分子であり、他国を我々の祖国であると主張する分子なので、こうした者たちには大韓民国国民の資格を認めない」と主張した。「在外国民登録法案」が一〇月一一日に韓国の国務会議を通じて実施されるようになり、李承晩政権は在日コリアンが日本で生活してきた歴史的特殊性を考慮し、大韓民国国籍保持者として日本で安心して暮らすことができる法的地位を付与すると表明し、まずは在日コリアンを対象に登録を始めるようになった。そして、日本においては民団が「大韓民国国民登録実施！」という宣伝文を謳って、朝連に加入している在日コリアンを韓国民の登録へと誘導しようとした[5]。

しかし、この韓国民登録は、在日コリアンを識別・監視するためのものであった。それは、次のようなケースからも確認できる。一九四八年に李承晩政権と米軍政庁による親日系の朝鮮人警察（戦前の日本政府のもとで働いた朝鮮人）を利用した強権的統制に不満を抱いた者たちは、済州・麗水・順天などで蜂起を起こした。これに対して米軍政庁と韓国政府は、蜂起が起こった地域を中心に「戒厳令」を発令した。この過程で一般人も巻き込まれ、多数の人々が虐殺されることになった。このような状況において李承晩政権は、一九四九年に済州島、麗水、順天を含む全国の討伐地域を中心に、そこでの人々に一般住民であることを証明する手段として「国民証」あるいは「道民証」の所持を義務づけるようになった〔6〕。これは、敵性分子の排除を目的としたものであった。そして、「国民証」と「道民証」の交付後に国民登録が行われたのだが、そもそも「国民証」と「道民証」を設けた理由は「共匪討伐（共産主義者を滅すること—筆者）」と「匪民分離（国民と非国民を分離すること—筆者）」という軍事的な目的を遂行するためであった。また、国民登録票の発行機関は行政機関であったが、この両者の住民証の発行や検閲を主導したのは警察機関であった。「国民証」と「道民証」の検認を見てみると、行政機関・国民会議組織・警察機関の三機関の印章で構成されている。警察機関と国民会議組織は行政機関よりも上位に位置する。「国民証」の場合は「アンギル（金榮美によると、安吉は今の韓国の安東を間違えて標記したものであると推定した）警察署長」の職印が最終的なものとなっていて、「道民証」は「アンギル警察署長」職印と「アンギル警察軍支部長」職印が共同で最終印章の位置に押されている。こうした証明証がなければ北朝鮮ならびに共産主義を支持する不純分子とみなされ処罰されたのである〔7〕。つまり証明書は人々を識別するための道具としての役割を持っていたのである。こうしたことから判断して、在日コリアンの在外国民登録も国民として識別・監視することが目的であったと考えられる。

一方、鄭翰景の後任として任命されたのが鄭桓範《チョンファンボム》であった〔8〕。鄭桓範は一九〇三年忠清北道清原で生まれ、一九四〇年から一九四二年には臨時政府で外務次長として働いていた〔9〕。李承晩は、鄭桓範には欧米の留学経験があるので、GHQと意見の疎通ができると判断して大使に任命したのである。鄭桓範は一九四九年二月二二日に正式に大使に任命され、三月一日に日本に到着した。鄭桓範が大使に就任した際に韓国連絡代表部は「駐日韓国外交代表部」へと名称変更された。

鄭桓範の大使としての最初の仕事は、大阪に事務所を開設することであった。関西地域には多くの在日コリアンが集住しており、また在日コリアンの商業活動の中心地でもあるため、GHQの協力のもとで大阪事務所が開設されることになったのである。大阪に次いで在日コリアンが多く居住している名古屋、神戸、福岡の各地域にも駐日韓国外交代表部（以下、駐日韓国代表部）の事務所が開設されていったが、事務所の開設は、占領当局にとっても在日コリアン問題を扱ううえで役に立つことなので、GHQはその動きに基本的に協力的であったといってよい。

こうした事務所の開設業務も韓国政府からの指示に基づいてなされたと考えられるが、問題は韓国政府がそのための財政的な援助を行わなかったということである。建国後わずか数ヵ月の韓国の国家財政は依然困窮しており、鄭桓範は事務所の開設運営にあたって、日本で自ら資金を調達しなければならなかった。しかし彼にはそれだけの資金が調達できなかったので、彼が頼りにしたのは在日コリアン実業家であった。以後、鄭桓範は民団には頼らず、地方の在日コリアン実業家と直接接触したが、当時極度に制限されていた韓国行き旅券の発給を約束することと引き換えに実業家の支援を受けることに成功している[10]。

第二項　韓国政府と民団の在外国民登録協力

李承晩の訪日後から深刻となっていた民団の財政問題は解決されず、また、それに影響を受けて朴烈の民団内における指導力は失墜してゆき、結局一九四九年二月に民団団長の職を辞任することとなった。

鄭翰景前駐日韓国代表部大使は、任を解かれてからしばらく日本に滞在していたが、彼は反朴烈勢力と組んで民団第六回大会で民団団長に選出された。副団長には民団から離れて反朴烈運動を展開していた元心昌が就任した。ちょうど朴烈の辞任と反朴烈派の民団組織が形成される時期に大使に就任した鄭桓範にとって、民団との関係を構築するのは容易なことではなかった。先にも触れたように鄭桓範は大阪事務所を維持する資金などを工面するために一部の実業家とだけ接触を持ち、民団とは一定の距離を置いたことで、民団では鄭桓範に対する批判が自然に高まり、双方の関係はこじれる一方であった。もちろん、それだけが理由ではない。そもそも民団員の中には分断を決定づける韓国政府樹立に反対していた者もいたし、李承晩が訪日したときの態度など様々な要因が重なり韓国に対する不満を募らせていた者もいた。そのような民団員にとって鄭桓範の態度は怒りを呼び起こすスイッチにもなったのである。

ところが李承晩と鄭翰景との関係が、鄭翰景がアメリカに発ってしまい、民団団長も交代したことで修復されることになる。六月に開かれた民団第七回大会では、鄭桓範が支持していた神戸の経済人曺圭訓《チョギュフン》が団長に選出され、それに与した朴烈派も再び民団の指導力を握ることとなったのである[11]。このような韓国当局と民団の関係修復は、韓国政府が在日コリアンを在外「国民」として取り込むうえで大きな推進力となった。

八月一日に大韓民国の外務部令第四号「在外国民登録令」によって、在外国民登録が実施されるにともない、一一月二日には「韓国法律第七〇号」に基づいて民団が大韓民国国民登録のための領事業務の一部を引き受けて登録事務が開始された[12]。そして、在日コリアンを韓国の国民として登録するために、鄭桓範は「在外国民登録令」の発令によって、一二月に在日コリアン全員の国籍表記を朝鮮から大

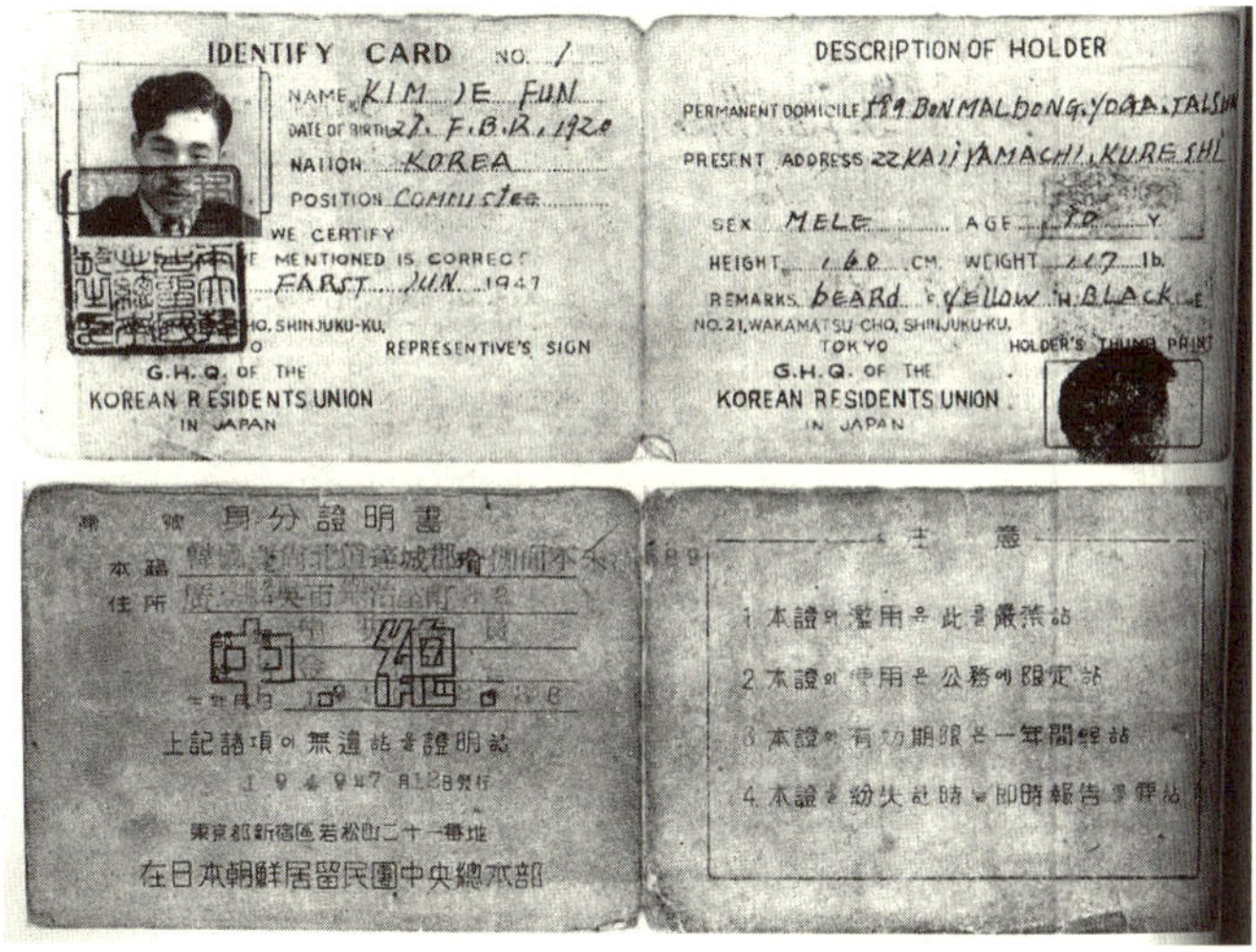

「在日本朝鮮居留民団」の身分証明証

（出典：『韓国新聞縮刷版』1巻）

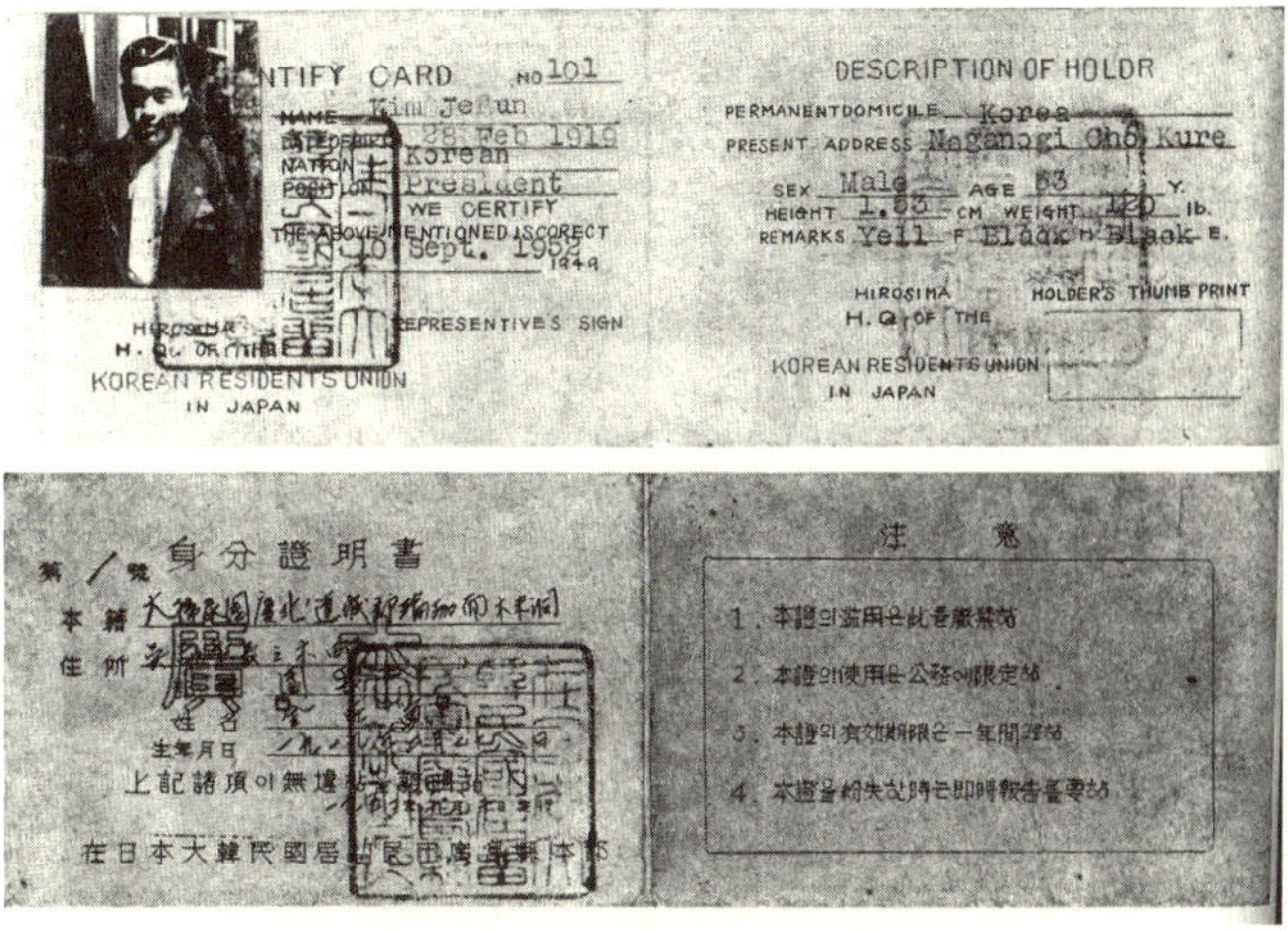

「在日本大韓民国居留民団」の身分証明証

（出典：『韓国新聞縮刷版』1巻）

韓民国に改正するようGHQを通じて日本政府に要請した。これを受けて日本政府は、外国人登録時に「朝鮮」または「大韓民国」に分けて登録することに同意したのである[13]。

一一月鄭桓範は民団の協力を得て、在外国民登録の申請受付を開始した[14]。以後、国民登録、戸籍、帰国手続などの行政事務における管理機関として駐日韓国代表部が、民団の中央総本部、県本部、支部を通じて民団所属の在日コリアンを体系的に管理した[15]。一方で民団は、GHQに生活物品などの支援を要請しながら、在日コリアンの貧困問題を解決するための工場運営を申請し、在日コリアンの技術者育成を実施する計画を立てていた[16]。そして、民団は可能な限りGHQの力を借りて、在日コリアンの日本社会での生活形成が可能となるようなシステムをつくることを目指した。このように、民団は政治的な活動だけではなく、在日コリアンの生存権にも配慮した活動を志向していた[17]。

しかし、その一方で在日コリアンが働ける場所を準備していた民団は「各種職業を大韓民国国民登録証明または、戸籍を持っている者」に限って紹介する立場を表明した[18]。このように、民団が在日コリアンの処遇よりも、韓国国籍を普及させることを優先したことは、在日コリアンの政治イデオロギーを韓国政府支持へと誘導する一つの手段としての在外国民登録の側面を表すものであった。

韓国政府による在日コリアンの韓国民登録が実施されるなか、鄭桓範が関心の対象にしていたのは成功者たる一部の実業家に限られていたので、当時の韓国からの留学生（日本の技術を学ぶために韓国から派遣された者）[19]を含めた一般の在日コリアンの中には彼に不満を持つ者も少なくなかった。このような彼の批判勢力が一九四九年一二月一二日の夜に大使官邸を包囲して鄭桓範に抗議する事件が起こった。韓国政府はこの事件を深刻に受けとめ、一九五〇年に入ると鄭桓範の職を解き、一月一四日彼は辞任した[20]。

鄭桓範の辞任後、その後任に大統領の義兄弟である申興雨《シンフンウ》が任命されたものの、三ヵ月を待たずして四月に辞表を出して帰国した。この辞任の背景としては、業務中、李承晩と意見が合わなくなったということ以外の詳しいことはわからない。そこで申興雨の後任として金龍周《キムヨンジュ》が五月に就任した[21]。

金龍周は国民登録のための政策には力を入れず、朝鮮戦争に際して民団員を兵力補充のために動員し、日本内にいる共産主義者の強制退去に尽力することになった[22]。

第三項　民団における韓国籍

前項で説明した通り民団は在日コリアンの在外国民登録活動を行っていたが、民団がどのような認識を持ってその業務を行っていたかをここで確認する。まず、一九四九年一〇月三日に民団中央総本部が作成した「国籍確定と退去及財産問題」から、韓国国民になることの意味が確認できる。

我々の韓国が帝国主義日本に軍事占領されるや、三六年間という□□□奴隷生活をしていたが、日本の敗戦で、解放され、その間に停止されていた我国の主権が回復され、世界各国が、我国を国家承認したので、我々は世界から純粋な民族国家として再出発ができるようになった。

したがって、我国の国民であることの表示である国籍においても、民族の純粋性にもとづき、その規定はわかりやすく、その範囲も極めてわかりやすく確定された（□は判読不能）。[23]

ここで、民団本部のいう「国家」とは「世界各国」が承認している国家であると説明されている。つまり、当時の韓国が「世界」に認められたので、民団は韓国が在日コリアンにとっての真の国家であると認識していたといえる。

それでは、民団は韓国籍を持っていることの意味をどのように説明していたのか。これに関して、民団内で高い地位（経歴としては、建同外務部長、民団政治部常任委員など）を持っていた全斗銖《ジョンドゥヒョン》が一九五〇年四月に作成した「外国人登録令第十一条に於ける『当分の間』に就いて」を少々長くなるが引用しておく。

旧憲法下に於いて日本は国民と臣民の二つの階層を支配していた事実を忘れてはならない。仏法のSujet UBC式委任統治地の原住民も、そして、日本帝政下の韓国民と共に、国籍なき隷民であった。外交保護権（厳密に云って外交監督下に置かれたのみであるが、）下にあった事のみで国籍を有する国民ではないのである。（中略）外国人登録令第十一条に於ける『朝鮮人』は當然解除されるべきものである。（中略）国家の要素が領土、国民、宗教の三者であると云ふ、公民常識よりしても韓国の独立とは、韓国々民の地位確定を当然に包含するものでなければならない。只止むを得ず、臨時便法として、他図の国籍を取得している、韓国人となるべき者はその手続上の諸問題が残されるけれども、日本に在留する韓国々民たるべき者は、隷民資格から、解放民となって居り、昭和二十二年既に、日連合軍司令部より、特殊地位国人（Special Status Nations）SCAPIN1757と規定され、日本人と区別されている者は、昭和二十三年八月十五日の韓国独立と同時に韓国の籍を確定したのである。（中略）我々の国旗と国号が、既に国際的に承認されている事実を知悉する日本当局が、わざわざ『朝鮮』と云ふ、旧支配地名に固執せんとする意図の理解に苦しむと同時に善良なる日本の為政者及国民は、日本国が日本人の人格に立脚して、更に永い間我方に大日本帝国なる呼称を強制した自責と反省の立場に於いて、今の韓国の国号及び国籍の尊厳を故意に抹殺しようとする行為を繰返さない事を要望する。[24]

全斗銖の主張は、日本の「旧憲法」下において朝鮮と表記されている在日コリアンの国籍は日本の植民地支配を受けた民族としての区分であり国籍ではないのである。ゆえに在日コリアンが韓国籍を取得することは日本の植民地体制から解放されることを意味する。また「階層」についてはフランスの植民地制度の例をあげて、日本人と朝鮮人の関係がフランス本国人と植民地人との関係と一緒であると説明した。しかし今もなお日本は旧憲法下の「朝鮮」という地名に固執している。全斗銖は「外国人登録令第十一条に於ける『朝鮮人（表記―筆者）』は當然解除さるべきもの」と主張するが、その意味は「朝鮮」という国籍表記が植民地支配の象徴であり、日本の臣民としての呼称であったからだと述べている。そして韓国民になる意味は「隷民（日本の臣民―筆者）資格から、解放民（韓国民―筆者）」になることであると論じた。

全斗銖の見解からすると、当時の民団にとって韓国国民になることは、単に国民登録をすることではなく、理念的な意味において植民地支配からの解放民族になることであった。全斗銖の論理は単純に在日コリアンを「韓国民」として作り変えたいだけの主張であったのか、本当に解放民族になることだと考えていたのか確認することはできないが、少なくとも民団員にこのような指導をしていたと考えられる。

第二節　朝連解散と朝鮮学校閉鎖に対する韓国政府の関与

第一項　朝連解散と朝鮮学校閉鎖

第一章でも述べたが、朝連は日本での差別的な環境への抗議行動を起こした。また、在日コリアンの子弟に朝鮮語教育を始めとする民族教育を行うとともに朝連の人材を育成するために各地域の支部が朝鮮学校を開設するようになった[25]。そして、一九四八年に日本共産党が在日コリアンに対して同情を示し、連帯を掲げていたことで、日本共産党に入党する在日コリアンが全国に増えるようになった[26]。

しかし、GHQと日本政府は在日コリアンの民族教育について、協力的ではなかった。一九四七年一二月、GHQは日本の法律に従わなければならない在日コリアンは、当然に日本の教育規定に従わなければならないとした[27]。同月、朝連は日本政府に対して、朝鮮学校を学校機関として認め、日本政府が民族教育に関与しないことを要請した[28]。

一九四八年一月二四日、「学校教育局長通達『朝鮮人設立学校の取扱いについて』」で[29]、文部省は、民族教育を認めず、日本の教育規定に従うべきであると表明した。特に、帰還を「拒否して日本に在留することを選択する朝鮮人」は「日本の法令」に従うべきであると伝達した。一九四八年三月二四日、日本政府は朝鮮学校が日本の教育規定に従わなければこれを閉鎖すると通告した。

GHQや日本の文部省に対する在日コリアンの教育闘争は、山口県で始まり、四月には広島、岡山、兵庫、大阪などに広がった。日本の警察が民族教育を守るために闘争に参加した在日コリアンを鎮圧する過程で、大阪では警官の発砲により、金太一《キムテイル》という少年が死亡した。神戸では、四月二四日まで、激しい闘争が行われ、朝鮮学校の閉鎖を撤回するに至った。これは阪神教育闘争と呼ばれるようになった。しかし、同日から日本政府とGHQが全面的な弾圧を行い、結局、学校閉鎖の撤回は取り消された[30]。
一方、共産主義活動への接近によって朝連はGHQと日本政府の取締り対象になってしまう。同年九月八日、GHQと日本政府は、共産主義との関わりがあったことを理由に、朝連の解散を命じ、朝連は日本の警察によって武力鎮圧された。その結果、朝連は解散し朝鮮学校は閉校してしまった[31]。小林知子によれば、当時のGHQによって「朝連の諸活動は共産主義活動と同一視され、以後、ソ連―北朝鮮と日本共産党とを結ぶ朝連といった視点が明確に表明される」ようになった。そして、GHQは一九四九年には「在日朝鮮人をめぐるすべての問題は、極東における共産主義との対峙の問題」だと認識しており[32]、このような認識に基づいて朝連を解散させた。

それではこの問題に対して、韓国側と民団はどのように対応したのか。当時の駐日韓国代表部大使の鄭恒範は一九四九年一月一七日付でGHQの外交局へ宛てて、「在日朝鮮人社会における共産主義活動を阻止するのが本代表部のもっとも重要な関心事」であり、「本代表部はこの連盟を追い払い、最終的には解散させるためのあらゆる措置についてSCAPと協力することを切望」するとの書簡を送った[33]。

そして、民団は朝連の解散の一報を聞いた日に、すぐに駐日韓国代表部福岡本部に電報を打ち、朝連の元メンバーが民団へ平和裏に加入できるよう準備してほしいと要請している。民団は、朝連解散について「日共の政争道具となって正常なる民族運動を妨害」したことに対する「適当なる措置と思う」と肯定的に評価した。駐日韓国代表部は九月一七日、①在日朝鮮人は韓国政府を絶対に支持しなければならない、②朝連・民青（在日朝鮮民主青年同盟、朝連の協力団体）所管の全財産は「在日全国民の心血の結晶」である、③「間違って朝連、民青に参加していた諸君」は韓国政府に在外国民登録をしなければならない、登録なき者は「生命財産の保護はもちろん諸種の権利は享受出来ず他国人に帰化するか国籍なき流浪民となるかである」との声明を出した[34]。加えて、一〇月民団は、解散した朝連の財産を「われわれの大韓民国々民にまわしてから活用ができる」と述べ、多数の在日コリアンに韓国民として登録するように宣伝をした[35]。しかし、このような宣伝が解散させられた朝連にどのような影響を与えたかは、いまのところ不明である。

第二項　韓国国会での在日コリアンの民族教育に関する議論

一九四九年一〇月二九日に開催された韓国国会で「在日同胞学校閉鎖に関する件」が議論された。この議論には、在日コリアンの民族学校の閉鎖に対する関与のあり方と、GHQと日本政府の方針に従うことの是非という二つの論点があった[36]。

まず、李榮俊《イヨンジュン》文教社会分科委員長は「朝連が閉鎖されたので、それに付属する全ての機関が閉鎖されたのであり、（中略）マッカーサー司令部（GHQ—筆者）と日本政府との間の約束の中に、在日朝鮮人は日本の法令に従うべきであるという約束が一つあり、（中略）日本の教育法に従わなければならないという条件で閉鎖するのである。しかし、我が文教社会委員会の見解としては違う（と考える—筆者）。法は、どこの国でも、その国の法に従うが、教育法においては、大韓民国政府が日本の教育法に従う義務と責任はない」と言及し、「そうだ」と言い同意する議員もいた。続いて李榮俊は「朝連系統の学校は左翼教育を行う、したがって閉鎖するというところは一理あるが、可であれ不可であれ大韓民国政府が我が国家なので、在日朝鮮人学校問題において、こんなに騒いでいる時に、我が政府としては黙っているわけにはいかない」と主張した。朝鮮学校の閉鎖問題に関して、当時韓国の国会内では朝連が運営している学校の閉鎖には賛同していた。しかし、朝鮮学校の閉鎖問題について韓国政府が交渉できなかったという点で不満を持っていたのである。

これに加えて、権泰羲《クォンテヒ》議員も在日コリアンの教育問題に関して八点を指摘している。その内容を簡略に整理して紹介する。①一〇〇万名の同胞の中で「国民学校（小学校）」以上の学歴者が一〇万人に近いが、閉鎖された学校の学生数は三万八八二九名である。②一〇〇万名の「同胞（在日コリアン）」を独立国家（韓国）の国民として取り扱うことができないのである。③在日同胞の教育問題について韓国政府ではなく朝連が日本政府と交渉していた。④派遣された鄭特使（鄭桓範—筆者）の韓国政府または「在日同胞」への報告が不誠実であった（これに関して、鄭桓範を「呼び出せ」と言う議員らもいた）。⑤九つの民団系の学校も閉鎖された。⑥韓国文教部に予算と計画がない。⑦鄭特使は「在日同胞」の教育問題に関して「微温的な態度」である。⑧朝連の学校は共産主義教育を行い、民団系の学校は施設不足でこちらを希望する人は、むしろ日本学校へ通っている。権泰羲は、朝鮮学校問題が韓国政府との交渉がないまま進んでいたことが問題であると指摘したが、なかでも、当時の駐日韓国代表部の大使である鄭桓範が積極的に関与していないことに注目している。またそのことについては他の議員らからも賛同する反応があった。

これに対して、韓国政府の関与は必要でないとの見解もあった。まず、尹致暎《ユンチヨン》議員は朝鮮学校問題に関して、韓国政府としては、ＧＨＱの方針に従わなければならないし、これから、日本政府との交渉によって、調整すればよいと述べた。第一章で、当時の韓国政権が、アメリカ側（米軍政庁―筆者）の支援を受けていた親日派が中心になっていたと述べたが、尹致暎もその一人であり、彼自身はGHQが行っていた対在日コリアン政策を批判するには難しい立場であったのである。

一方、申翼熙《シンイクヒ》議員は異なる視点から尹致暎の立場に同意しながら、ある国家が決定した方針にそこに住んでいる人々が従うのは、当然であり、日本も例外ではないと主張した。この主張は、申翼熙が日本で生活しなければならなかった在日コリアンの状況に無理解であったことを示している。趙憲泳《チョホウンヨン》議員も、韓国政府が朝鮮学校の閉鎖に関与することに反対するとの意見に対して、朝連が運営している学校なので、GHQの閉鎖方針に従うのは当然であるという立場を表明した。

以上、朝鮮学校問題に関して否定的な見解を持っている韓国側の議員の意見を総合すると、在日コリアンが日本に住むという選択をしたのであれば、彼らは日本政府の教育規定を守るべきであるというものである。もちろん、上の三人の発言からは、明らかに韓国国会議員と在日コリアンとの距離感の存在がみてとれる。

第三節　韓国からの密航者問題と在日コリアンの強制送還

第一項　在日コリアンと密航者の管理体制

ここではまず、日本政府とGHQが在日コリアンと密航者をどのように区分・管理していたかを確認し、外登令がどのように規定していたかを確認する。

一九四六年二月、密入国者の問題について、日本政府はGHQに「日本への不法入国朝鮮人に対する強制退去権」を要求し、GHQはこれを条件付きで認めた[37]。そして、一九四九年にアメリカの第八軍は「済州島などで起こった叛乱が制圧された結果、南朝鮮各地から日本への密入国者が増えるのではないかと恐れ」て対策を求め、以下のような七項目を日本政府に提案した。(1)「朝鮮人登録証明書」を再発行し、常時携帯義務を厳守させる。(2)「朝鮮人登録」の切替制度を導入する。(3)証明書不携帯などへの罰則を強化する。(4)各地の港や大都市に日本警察の検問所を設置する。(5)不法入国審査所を設置する。(6)密入国者の写真を撮影し、彼らの指紋をとる。(7)韓国と綿密な連絡体制を確立する[38]。この提案が以後、日本政府が在日コリアンの強制退去に主導権を握るようになるきっかけになったとみることができる。

一九四九年三月に九州地方の米軍第二四師団本部が不法入国者抑止に関する法案を提案したのを受けて、GHQは五月と七月に会議を開いた。その結果、日本各地域の港や大都市に不法入国審査所を設置し、これを日本政府に移管し、密入国者の取締りを強化することになった[39]。

密航者が増加するなかで、出入国管理に関する権限が日本政府へ移譲され、同年九月八日、法務府刑政長官は各都道府県知事に対し、外登令違反については「原則として本邦外に退去せしめる」こと、「退去命令違反者に対しては検察の請求を待たずに、法務総裁に退去強制の請訓をすることを指示した」[40]。そして、一一月一日に出された法務府民事法務長官・刑政長官の「未登録外国人の新規登録申請に関する件」による指示では、戦前から居住している在日コリアンで「不法入国」でないことを証明できない場合は、一応登録を受理し、「仮証明書」を交付するという手続をとるものとしている。そして、「不法入国や登録令違反があった場合、すぐに退去命令・退去強制を行うよう指示している」[41]。

また、GHQと日本政府だけではなく、韓国政府も密航者を統制した。まず、「旅行券」に対する制限であった。一九四六年夏、韓国政府樹立までに米軍政が管理していた南朝鮮の「外交處(外交部—筆者)」では外交官育成及び海外旅行、海外との貿易業務関係者の派遣などの目的で、「旅行券」の発給を準備してきた[42]。一九四六年二月一九日、米軍政庁の法令第四九号「朝鮮に入国または出国者移動の管理および記録に関する件」が公布され、南朝鮮を出国する者に、米軍政庁外事部での旅行証明書取得が義務づけられていたが[43]、これが韓国の「旅行券」の基礎であった。

韓国政府は樹立後に旅行券制度を受け継いだが、韓国政府の旅行券に関する問題が起こった事例がある。一九四八年九月の国会で、韓国国会議員である張洪琰《ジャンホンヨム》が旅行券を利用して外国に逃げている事例について言及した[44]。そして、四九年一月に韓国国会で言及された内容から確認すると、「戒厳令」によって起こされた事態に関連して旅行券を申請するケースが増えていた。これは、韓国政府による戒厳令発令後に、住民たちが軍人による暴力的な検問行為を恐れていたことから生まれた事態であった。李《イ》聖學《ソンハク》議員は「旅行券を得るために数百人が警察署の前に来て並ばなければなりません」、「旅行券一枚を得るために飲み会を行ったり来たりしなければならない」と指摘し[45]、海外へ避難したい者が「旅行券」を求めていることを問いただした。

実際の報道によれば「密航団(密航をサポートする団体と推定—筆者)は釜山、ソウルなどの主要都市で活動」し、「密航団は契約時に2万圓《ウォン》乃至3万圓を支払わせてから、密航申請者から密航経費として2千圓乃至3千圓」を「増収」するとされた[46]。

一方、李承晩政権は、朝鮮戦争が勃発してから、日本へ密航する者を「厳罰に処する」と警告し、一九五〇年七月一二日、当時の外務部情報局長・柳泰夏《リュテハ》は「密航者」が急増したので「発見したら、関係当局と連絡して社会的地位の如何を問わず、厳重に処罰する」と発表した[47]。李承晩政権は韓国内から密航者が出ないように厳しく管理した。

それでは、日本国内に密航した韓国の住民らを、日本政府はどのように取り扱ったのだろうか。前述の通り、日本政府は長崎の佐世保と大阪に密航者を管理する収容所を設置したが、一九五〇年六月六日に日本政府は佐世保収容所をなくし、同じ長崎県に「針尾収容所」を設置した。針尾収容所では管理者の数をこれまで以上に増やし、また、地方警察に不法入国者を逮捕できる権限を与えるなどの措置を通じてGHQと協力して密航者管理を行っていく。その後、「針尾収容所」は一二月二八日から「大村海軍航空廠本館」に移転すると同時に「大村収容所」に改名された[48]。

第二項　日本政府と韓国政府の在日コリアン強制送還協力

韓国政府は日本政府と密航者および在日コリアンの送還問題に関して、どのような背景のもとで協力を行ったのか。一九四五年四月からアメリカの大統領になったトルーマン（Harry S. Truman）は、中国を自由世界に脅威を与える存在と認識していた。一九四九年一〇月に中国大陸が共産化すると、アメリカはアジアにおいて日本の民主的改革に重点を置くようになった[49]。以後、アメリカは東アジアの冷戦体制下で工業製品輸出国として日本の経済を復興させる傍ら、他のアジア諸国を日本製品を購買する市場として活用するつもりであった[50]。

一方、日本を信用していなかった李承晩は、日本の復活に警戒心を抱き、アメリカの対日政策に疑問を持つことになる[51]。実際、李承晩が構想していた反共同盟は、日本を優先的にパートナーとするものではなかった。実際、NATO（North Atlantic Treaty Organization、北大西洋条約機構）が結成されたことに刺激を受けたフィリピン大統領が、一九四九年三月二〇日、アメリカが主導する太平洋同盟を韓国へ提案した折りに[52]、李承晩は南太平洋及びオーストラリア・カナダ・アメリカ・中国（蔣介石が国共内戦に勝利した場合）、中南米なども含む必要があると提案している[53]。

しかし、アメリカは太平洋同盟が反共軍事同盟の色彩が強く、それに加えて中国の情勢変化の結果、対中政策と対日政策をセットにした包括的なアジア政策の再検討が必要になったとし、李承晩の意見に反対した。また、ソ連の反発以外にもインドの反対とイギリス、フランスの消極的な態度などもあって、アチソン（Dean Gooderham Acheson）米国務長官もこの構想は時期尚早であると表明するに至った[54]。

一九四九年一〇月に、中国共産党中央委員会主席である毛沢東を中心に、中華人民共和国（以下、中国）が樹立され、中国大陸が共産主義国家になった後に、東アジアの勢力図は変化し始めた。以後、李承晩は中国大陸での国民党の敗北に強いプレッシャーを感じるようになり、対日認識も以前とは異なるものに変化した[55]。一九五〇年二月、李承晩はマッカーサーの招請で日本を訪問し、東京に到着した後、吉田茂首相との会談で、過去の関係を忘れ日本と反共同盟を結びたいという意見を表明し、反共同盟形成の必要性を強調した[56]。

韓国政府の対日関係の変化は、一九五〇年一月に発表した「アチソンライン」、すなわちアメリカの太平洋防衛区域線から、韓国が排除されていたことによるものと考えられる。一九五〇年二月六日、衆議院予算委員長である上林山栄吉《かんばやしやまえいきち》は、李承晩が「日韓通商関係の増進について、強い希望」を表明していたのでいまこそ期待できるとして、在日コリアンの外国人登録問題について「両国間のこれらの問題をどういうふうに処理しようとされるのか、あるいはどういうふうに処理されつつあるのか。私ども両国間の通商関係の一日も早からんことを希望」すると述べ、政府に韓国と協力する意思を示すように迫った。それに対して吉田首相も李承晩が日本に対して好意を示したとの新聞報道を確認したうえで、「将来日本が独立を回復した場合においては、韓国との間に最も親しい善隣の関係が、打ち立てられるように希望」するし、「経済的にもまた交通の上においても、最も親密な関係に入るということを私は切望」すると述べ、韓国との関係を密接にする意思を示した。そして二月二二日には、吉田茂と李承晩は日本と韓国は「親善関係」を求めているとお互いに言及し、再度両国間の関係改善の意思をみせた[57]。これに加えて、それよりも一カ月まえの一月二〇日には、韓国国会でアメリカ経済協力局（ECA＝Economic Cooperation Administration）からの支援削減が言及され[58]、韓国政府はアメリカから見捨てられるかもしれないと、神経質になっている状況であった。したがって、韓国がアメリカから見捨てられないためにも、李承晩は日本との関係改善を推進する必要があった。

李承晩が二月の訪日を終え、帰国後に開いた記者会見の内容を確認すると、記者からの「日人（日本側―筆者）に宣言した内容はなんだったのか」との質問に対し、李承晩は日本に対しては「怨望と疑心」があるが、「対共闘争」協力の話をした。その中で「同胞（在日コリアン―筆者）の登録問題を話さなかったが、漸次相互諒解が成立して、好転すると信じる」と語り日本側と協力する姿勢をみせた[59]。

日韓会談での在日コリアンの処遇問題については、第三章で具体的に論じるが、一九五一年四月、吉田は日韓関係に関するアメリカ側との談話においても、在日コリアンの多数が「共産主義者」であると述べ、彼らを韓国に送還するよう求めていた。したがって、日本は、韓国との関係改善のなかで、もちろん貿易関係を優先していたとはいえ、韓国側から在日コリアン管理のための協力も得たいと考えていたようである。特に日本政府は在日コリアンの峻別（韓国に送還する者としない者）を明確にするために登録令をつくったのであり、あくまでも韓国側との外交関係改善を通じて在日コリアンを韓国へ送還しようとしていたのである[60]。

在日コリアンの密入国者の送還問題をめぐって、日本の国会の中でも様々な議論が行われていた。一九五〇年三月一日に衆議院議員小川半次《おがわはんじ》と国務大臣・殖田俊吉《うえだしゅんきち》が外国人登録をめぐる在日コリアンの強制送還に焦点を当てた質疑を行った。そこで殖田は密入国問題の要因として「登録」確認問題に言及した。そして、「不法に密入国」した者を「送還しなければならない」と言うが、事情（日本政府の都合に合わせて在日コリアンを送還すること—筆者）によって処理することは問題であると述べた。それに対して小川は「密入国して来た者に対しては本国に帰還させることができる」と主張し、「登録」していない者などに、「何か本国に帰国を命ずるような方法がないものであるか」と問い、明確に帰国を命ずることを求めていた。殖田は「密入国者であるかどうかもはつきり《(ママ)》わかりません」ので、「すぐ密入国と認めて、これを送還するというわけにも参りません」と述べ、登録をしていない者がいるかもしれないので、状況を明確にする必要があると言及した[61]。このやりとりから、日本政府は在日コリアンの中の密入国者の具体的な人数の把握を企図していたことが確認できる。

以上のように、日本政府は苦慮していた在日コリアンの送還問題を、韓国との関係改善によって解決しようと考えていたようである。四月一九日の衆議院外務委員会では聴濤克巳《きくなみかつみ》衆議院議員が「李承晩大統領か（ママ）日本に来たときに吉田総理と会つて、日本がいろいろな点で韓国を援助するという代償として、在日朝鮮人を強制送還するについ（ママ）て韓国側も協力する」と約束したのではないかと追及している。それに対しては殖田からも「李承晩政府が朝鮮人の強制送還を希望しておる。それで日本に対してそれに協力せいと言つておるんだといううわさは聞いてお」るという応答がなされている[62]。当時中国が共産主義国家になり、東アジアにおける共産勢力の拡大という圧力が李承晩に日本との親密な関係を結ぶことを強要し、日本側が求めていた在日コリアンの送還問題に韓国側も協力せざるを得なくなっていたのである。

では、強制送還により韓国へ戻ってくる在日コリアンの処遇はどうなるのか。田甲生によると、一九四九年、李承晩は在外国民の登録を行わなかった在日コリアンは国民として認めないと述べ、特に「在日朝鮮人は大部分パルゲン（ママ）イ（共産主義者—筆者）であり、入国時、徹底的に調査」または思想検査が必要であると言及したという[63]。こうした発言から、在日コリアンは韓国に着いてから厳しい調査を受けていたものと推測される。

一方、一九五〇年七月のGHQの記録によると、朝鮮戦争の勃発によって朝鮮半島に引揚げ（帰還—筆者）られなかった舞鶴の収容所にいる約五三〇人の朝鮮人たちについて、駐日韓国代表部はGHQ側に次のように伝えた。

①もともと住んでいたところに戻れる者たちは全員収容所から出す、②韓国でなんらかの形で貢献で

きる健康で丈夫な男たちはすべて送還する(Repatriate all able bodies men who offer to serve in Korea in any capacity)。

そして、収容所の多くの者たちが韓国での兵役を志願(volunteer services in Korea)しているのであるから充分に考慮してくれるように要請した。これに対してGHQ側も「①在韓の軍当局の反対がないこと、②駐日韓国代表部が収容所での人員選別に対し責任を持ち、健康で丈夫な志願兵(volunteers)のリストを準備すること、③韓国政府が現下の難民問題の増加を防ぐために引揚者たちを受け入れて活用する(utilization)準備を保証すること」という条件が整うのであれば、在日コリアンを韓国に送還すると言及した。これに関して崔徳孝は「舞鶴引揚援護局の収容所で朝鮮への帰還を待っていた約五三〇人の在日朝鮮人のうち、どれくらいの者たちが『兵役志願者』にさせられて李承晩政権の下に送還されたのかは定かでないが、韓国政府の提案どおりに実行されたとすれば」、「男性のほとんど全員が送還(徴兵—崔徳孝)の対象となったであろう」と指摘している[64]。そのような可能性はあると筆者も同意する。

第一次送還は一九五〇年一二月一一日から始まったが[65]、一二月一六日に李承晩が金龍周に送った緊急文書には、日本で「韓人(在日コリアン—筆者)共産党の騒ぎ」で捕まった者を日本政府と交渉し「日本にいるのも不安であり、我が韓国にも不利なので、我々に渡してもらったら、本国で捕まえて処罰する」と書かれていた。二一日に送った文書にも「我々が船でも持って行って」在日コリアンを逮捕するべきであると書かれていた。田甲生はこのように李承晩政権が積極的に在日コリアンの送還に力を入れた理由は、一九五一年から行われた日韓会談で示されているように在日コリアンを「危険な要素」と認識していたからだと論じている[66]。もちろん、そのような要因も考えられはするが、李承晩本人の究極的な目的は、アメリカの支援を獲得するために、アメリカが求めている同盟関係を構築するうえで在日コリアンを反共のスケープゴートにすることであった。

第三項　韓国政府の国家暴力から逃がれて密航した在日コリアン

本節第一項で述べた通り、分断体制がもたらした惨禍によって、韓国の住民らは日本に密航するようになった。ここでは、密航した在日コリアンの経験を通じて韓国政府の国家暴力の実態を検討する。最初に取り上げるのは、済州島で起きた四・三事件によって密航した人々である。当時、済州島では韓国政府による武装隊の鎮圧過程において、西北青年会（以下、西青）[67]と共同して韓国の警察や軍などが、蜂起に関わっていない多数の住民を共産主義者とみなして、射殺してしまう状況も発生した。こうした状況を目撃した住民らは、生き残るために日本への密航を選択した。このように、当時の密航者は、済州島出身者が非常に多く、その人々の多くはその後在日コリアンとして日本に定着するようになる。

本項では四・三事件によって密航した済州島住民の体験を確認するために、藤永壯らが済州島出身在日コリアンから聞き取ったインタビュー内容を確認しておく。

まず、一九三七年に大阪で生まれ、解放後、済州島に帰国した姜京子《カンギョンジャ》は、四・三事件当時西青や警察などが蜂起関係者と疑われた者を暴力的な行為（拷問など）によって検問する現場を目撃し、日本に密航することを決意したと語っている。姜京子は母と共に釜山経由で、日本に密航し、大阪で生活するようになった[68]。当時の西青や警察の行為が、姜京子と彼女の母を密航するように追い込んだのである。

次は、高蘭姫《コナンヒ》の四・三事件の回想を紹介する。高蘭姫は一九二三年、日本の兵庫県で生まれ、解放後、済州島に戻っていた。彼女は済州島で蜂起を起こした中心人物である李徳九《イドック》と金大珍《キムテジン》に協力し、韓国の単独政権樹立に反対していた。しかし、弾圧の嵐の中、日本に密航することになった。高蘭姫の回想によれば、四・三事件による厳しい状況の中で父から日本に「逃げろ」と言われた。そして、高蘭姫は父が準備してくれた日本への密航船に乗ったという。父も後を追ってすぐに日本に行くと言ったが、その後、消息がわからなくなる。彼女の推測ではおそらく西青に殺されたのだろうとのことである[69]。

金玉煥《キムオクファン》は一九三八年に大阪府三島郡吹田町（現、吹田市）で生まれたが、本籍は済州島朝天面大屹里（現、済州特別自治道済州市朝天邑大屹里）であった。解放後、済州島に渡った。四・三事件のときは一〇歳であった。三九歳のとき日本に密航した。西青に対する恐怖心から兄が先に日本への密航を選択した。密航後、兄は仙台に定着した[70]。

四・三事件とは異なる経験を持っている密航者についても確認しておこう。朝鮮戦争が勃発すると、李承晩政府は北朝鮮側に同調する可能性のある国内の敵性分子については早期に排除すべきだとの論理のもと、国民保導連盟（以下、保導連盟）員を刑務所に拘束した後、ほぼ全員を処刑した。保導連盟は、左翼系（主に共産主義者）の韓国人を管理しようとする目的で組織された団体であったがその中に人民軍に協力しているメンバーがいるとの疑いが持たれた。そのことによって結局、集団的に虐殺されたのである。保導連盟員の虐殺は、七月初旬、京畿道から済州島に至るまで、ソウルを除いた仁川、大田、丹陽、義城、金泉、蔚山、済州など、韓国のほぼすべての地域で実行され、その被害者数は三〇万人にものぼるとされている[71]。

このような虐殺現場から逃げるために、多数の韓国人が日本へ密航した。多くの人々が対馬経由の密航ルートを選択した。解放後の対馬の行政機関は一日数十名の密航者で混雑している状況であった[72]。

4・3事件による犠牲者の墓地(著者撮影/2015年2月)

密航した金興洙《キムフンス》から田甲生が聞き取ったインタビュー内容から、当時の李承晩が対馬へ密航した人々にどのような認識を持っていたのかが確認できる。金興洙は対馬の上縣町へ行く途中、日本の海上保安庁の監視船に捕まり、厳原拘置所に収監された。その後、大村収容所に移監され、韓国へ強制送還されたが、再び、対馬を経て福岡へ密航した。金興洙は韓国に送還された当時、密航者の取材をするために来た記者から、李承晩が「対馬へ密航する者はパルゲンイである」と語っていたことを聞いたという。また彼は同じく強制送還時に、釜山港の戒厳司令官から、「祖国を捨てて逃げたパルゲンイ」と言われて突っ掛かられたという[73]。

以上、四・三事件と朝鮮戦争における民間人虐殺から逃れるための密航経験のいくつかの事例を紹介した。密航は分断体制のもとでの韓国政府による弾圧が要因であったのである。

第四節　朝鮮戦争期の韓国政府と在日コリアン

第一項　韓青の韓国志向イデオロギー

朝鮮戦争の勃発後、民団は韓国政府とどのように協力してきたのだろうか。朝鮮戦争が勃発する以前から民団と韓国との間に緊密な関係が結ばれていたことによって、建青の内部は複雑な様相を呈していた。韓国から蔡秉徳《チエビヨンドク》陸軍参謀総長が来日し、韓国の大韓青年団との連携を建青に求め、そのための支援を行った。一九五〇年の五月には、大韓青年団の二代目団長である安浩相《アンホサン》と元内務部長官・尹致暎が「在日同胞の青年運動」を指導していた[74]。その後、六月の半ばに安浩相は李承晩の指示を受け[75]、朝鮮戦争勃発後の八月二八日と二九日に建青に東京新宿の民団本部の講堂で全体会議を開催させて、建青の解散と在日大韓青年団（以下、韓青）[76]の結成を宣言させた。韓青の初代団長には曺寧柱が就任した。以後、韓青は在日義勇軍（以下、義勇軍）の志願兵を募集し朝鮮半島へ送るなどの活動をすることになる[77]。

付言すると、安浩相と尹致暎は、李承晩が共産主義に対抗するために「一民主義」思想を韓国民に注入することに加担していた人物である[78]。一民主義とは、李承晩が韓国民の心の中に内面化させようとした政治イデオロギーである。一民主義をより詳しく説明するならば、共産主義は階級を廃止し貧富の差を是正しようとするのだが、一民主義は階級や貧富の差を温存しながら社会全体としての豊かさを志向する考え方であり、反共のもとでの民族統一を行う理念である[79]。安浩相は、一民主義の普及のために韓国の各地を回ってその理念の解説と講演を行っていた人物であった[80]。

在日義勇兵に関する研究を行った崔徳孝は、安浩相が民団勢力に対して、韓国でファシズムとの親和性を有していた一民主義イデオロギーの注入を企図していたと述べている[81]。韓青が組織綱領に「我々は青年だ。一民主義で思想を統一しよう」と掲げ[82]、反共・反朝連の在日コリアンを刺激する一方、安浩相は朝鮮戦争勃発直後から日本各地で巡回講演を行うなどして「義勇兵志願」を煽動した[83]。

第二項　民団の義勇軍としての参戦と韓国の戦災に対する支援活動

ここでは民団がどのように義勇軍募集に関与したのかと、朝鮮戦争中に民団の韓国に対する支援がどのように行われたのかを確認しておく。一九五〇年六月二五日に朝鮮戦争が勃発すると、民団は早くも二七日から「在日義勇軍」を募集し始めた。七月四日までに七九七名がこれに応募し、九月になると三〇〇〇名に達した[84]。民団・建青・在日韓国学生同盟（韓国を支持する在日コリアン学生組織）は七月五日、「在日本韓国民族総蹶起民衆大会」を東京の神田共立講堂で「共同主催」し、「義勇軍志願並に赤防基金及び戦災救欠恤金品募集、居留民自衛の為一致団結する事、日本の治安と秩序維持の為に協力する事、共産党の陰謀を天下に公開する事、三八度以北へ侵略再発の憂い無からしむる事」を決議したという[85]。

一九五〇年八月八日、民団中央本部は金光男《キムグァンナム》を本部長とする「自願軍指導本部」を設置し、全国の民団本部を通じ義勇軍を募った[86]。鄭哲は当時の民団長である金載華の場合は、自分の息子を「志願兵として出陣させ」て、「指導者の気迫を誇示した」と述べている[87]。この金載華の行為は、民団員らに韓国政府を信用させるためでもあったのだろうと思われる。

当初、ＧＨＱは義勇軍の参戦に反対していたが、仁川上陸の際には韓国の地理に詳しい人間が必要となるので、義勇軍の派遣を認めた[88]。崔徳孝は七月の時点においては、GHQ側が在日コリアンの義勇兵派遣を認めていなかったので、民団の義勇兵募集活動に対して日本の特審局が「今のところ韓国の勝利に対する在日朝鮮人のゆるぎない自信を奮起させることを意図して行なっているもの」と言及していることを引き合いに出して、当時の民団の行動は「志願者を募るだけのデモンストレーションにとどまっていた」と論じている[89]。

仁川上陸作戦の際に、民団は「本国戦災救援運動本部」を設置して、在日本大韓民国婦人会中央本部（以下、婦人会）や韓青の協力のもとに、戦災者を救援し、戦線兵士には慰問袋を送る運動を積極的に展開した[90]。三ヵ月間にわたって全組織を通じて募集活動を続け、現金、衣類、薬品、食料品などを支援していた[91]。

そして、物品面だけではなく、「戦災復興建設隊本部」を設置して、専門技術者の派遣を推進していた。民団はこのような活動を通して、韓国軍に「我々の居留民（義勇軍――筆者）に温かい民族愛と愛国心」[92]を感じ取ってもらうことを求めていた。

第三項　朝鮮戦争期の金龍周公使と在日コリアンとの関係

一九五〇年五月初め、駐日韓国代表部の公使に就任した金龍周が朝鮮戦争勃発後に行っていた主な業務は、GHQと協力し、義勇軍を管理することであった[93]。金龍周は在日コリアンに向けて「愛国的な態度とは、平静を保ち、国連軍が戦争を終結させるのを支援することである」と、「軽率な行動」を控えるよう訴えた[94]。

大阪から朝鮮戦争に派遣される在日義勇兵たち
（出典：『大阪韓国人百年史――民団大阪60年の歩み』）

第　號
大三従軍記章授與證
一、所属部隊 美七師団第三十一聯隊
一、階級 陸軍上等兵　姓名 李
頭書 大三従軍 記章을授與함
檀紀四二八四年九月五日
國防部長官命에依하여
大韓民國陸軍總參謀長

朝鮮戦争の従軍記章授与証（出典：『岡山民団四十年史』）
■アメリカ軍第7師団31連隊所属とあり，韓国陸軍総参謀長が発行した．

それでは金龍周は在日コリアンの社会をどのように認識していたのだろうか。一九五〇年一一月一一日に作成された「国会臨時議会速記録」の中から、金龍周の発言を紹介する。

> 在日同胞は解放後、約一年間連合国国民として法律上の待遇を受けており、SCAPは連合国と同じ待遇をしてくれました。多くの日本人が戦争に負けていじけていたその時期に、我々の同胞はよく活躍し、日本警察の干渉を受けずに自由に行動していたので、一部に日本の法を守らない様々な暗取引《ママ》を行い、様々な方法の密船《ママ》（密貿易―筆者）で、噂によると、その一年の間に数億圓の財産を築く者が生まれました。日本社会で戦後によい洋服を着て顔色が生き生きとしているのは韓国人であり、料理店に行けば、毎日宴会を開いて派手な遊興を行っているのは大部分が韓国人であると世間では言われています。ひとときそのような時期があったが、その間に調子に乗りすぎて、結局一年後にはSCAPから、それは一九四六年末か四七年の初めであるが、いつまでも韓国に帰還しない者は、その期日が過ぎると、日本人と同じ法律上の処遇になるという命令が下されました。（中略）我が同胞たちが、金を稼いで財産を持っている間はよかったが、それを堅実に貯える方法を知らなかったので多くが財産をなくしてしまいました。そして、現在の我が僑胞社会の状態を調べてみると、安定した生活をする人々が約五％、職業を持っているが安定した生活ができない同胞が一・五割、そして八一％は職業がない。生活のよりどころもない、ブサリ[95]、妄説を言うような同胞が約八〇％を占めています。[96]

すでに説明したが、在日コリアンが闇市場で働いているのは、日本の企業が在日コリアンを雇用しなかったためである。しかし、金龍周は「暗取引」を行ったことで、在日コリアンの一部が財産を築いていると議会で報告した。そして、金龍周は「いつまでも韓国に帰還しない者」という表現で、自らの選択によって帰国しなかった在日コリアンの存在に触れた。しかし、当時の在日コリアンは生活基盤が日本にあるので、朝鮮半島に帰国できない人物が多かったし、財産を全部持って帰れなかったため、帰るに帰れなかったのである。そのことから判断すると、金龍周の発言を適切だとは言い難い。金龍周の在日コリアンに対する認識には、否定的な印象が拭えないのである。

一方、金龍周と民団とはどのような関係であったのだろうか。権逸の回顧によると「有力な実力者たちと実業家たちから疎外されていて、同胞全体の意思を結集することが出来ず、そのうえ仕事をする能力も財政も欠乏していたのであった。(中略)金公使はこのような民団に失望し、現執行部は頼りに出来ないと判断したようである」と述べられている[97]。つまり金龍周は、当時の民団に不満を持っていたのである。

駐日韓国代表部にとっては本国政府への資金支援が急務になっていたが、当時の民団の構成員では頼りないと判断して、「民団の重鎮級の人々」と「実業家を網羅」して構成する「韓国代表部諮問委員会(以下、諮問委員会)」をつくって、韓国への支援活動を行うことにした。委員会創設の過程においては、親日派の権逸と曺寧柱が「政治部常任委員」として積極的に関与した。しかし、当時の民団団長であった金載華は、民団の執行部を無視して別途に組織をつくることには否定的であった。一方、金龍周は民団の構成員よりも諮問委員会を中心に動いていた。これによって、金載華は金龍周に反発することになる[98]。金龍周は、権逸を含む民団員に「相当強い調子で民団は革新されるべきであると主張」した。これを受け入れ、一九五一年四月三日に民団内部の革新派（権逸、白武《ペクム》、盧榮漢《ノヨンハン》、曺寧柱、全斗鉄、金定柱《キムジョンジュ》など）は、金載華側との対立を経て勝利をした。その結果、新しい団長として元心昌が就任し、盧榮漢と権逸が副団長になった[99]。

一方、一九五一年一月一二日に金龍周は「左右翼を問わずに」、「悪質分子に対して総司令部及び日本政府に要請して、本国（韓国―筆者）へ強制送還する用意がある」と発表している。これに対して、民団は「左右翼を問わずに」との文言が在日コリアン（民団―筆者）の意思を無視する言動であると反発した。この反発は金龍周に対する抗議デモに発展し、金龍周は四月中旬、辞表を提出して六月に韓国へ帰国することになる[100]。

小結

この章では、韓国政府樹立直後から朝鮮戦争勃発までの時期に、李承晩政権が在日コリアン社会の中にも生まれた分断体制にどのように関与し、それを在日コリアンの処遇にどのように反映させながら、在日コリアンの包摂と管理を行ったのかをみてきた。まず、以下に整理してみる。

第一に、在日コリアンが「韓国籍」と「朝鮮籍」に区別されたことである。韓国政府がＧＨＱを通じて、日本国内に韓国代表部を設置して以降、在日コリアンを「在外国民」として登録させようとした。

それだけではなく、日本国内の戸籍に関与し、在日コリアンの戸籍を韓国籍と朝鮮籍に区別するようになった。以後、李承晩政権は在外国民として登録した者を韓国民と認めることによって、そのように認めた一部の在日コリアンだけを包摂してきた。韓国政府が「在外国民登録令」を導入すると、民団側では韓国民になることの意味についての「韓国民論」が出てくることになる。民団会議録からは、民団はその意味を世界から認められた国家の国民になることであると認識していたことがわかる。また、民団の中心人物である全斗銖は、「隷民資格から、解放民」になることであると主張した。韓国民にならない者は、いまだに植民地支配を受けている者であるという主張である。このように韓国側が「在外国民」を登場されたことは、民団員の韓国民としての国家志向的なイデオロギーを刺激し、在日コリアン社会の分断体制に大きく影響を与えながら、「韓国民」なる意味を付与することで政治的な包摂をしてきたといえる。

第二に、韓国政府の暴力的な識別システムによる密航者の存在である。韓国政府は、韓国で北朝鮮を支持する者の識別過程で、殺害もいとわない激しい暴力を行使した。このような状況から逃れるために、韓国から日本に密航する人々が生まれた。第四章で論じるが、北朝鮮を支持した人々は、李承晩政権の暴力的な識別システムに対して反感や疑問を持ち、決して韓国を祖国として認めることはなかった。このような韓国政府の内国民排除の側面が在日コリアン社会にも伝わっていく。

第三に、朝鮮戦争における韓国側の反共煽動である。戦争勃発後、李承晩政権は在日コリアンに対し、愛国心を強調し「義勇軍」への志願を奨励した。当時、李承晩の側近である安浩相が民団勢力に「一民主義」イデオロギーを注入し、徴兵に応じるように煽動した。これに加えて、安浩相だけではなく、蔡秉徳、尹致暎も、民団関係者に対して韓国を支持させる活動を行っていた。こうした活動について、これまでの研究では、「一民主義」という考え方を取り上げ、この反共ファシズム的性格を持つその理念が民団勢力に注入されたことに触れて、民団も一民主義を持つようになったと論じられているが、筆者もその立場に同意する。

そして次に、韓国政府が在日コリアンの処遇に以下のように関与したことが確認できる。第一は、在日コリアンの民族学校問題に対する韓国側の対応である。GHQは反共体制のもと、北朝鮮を支持する朝連に対して、解散命令とともに各地域の朝鮮学校閉鎖命令を出したが、韓国政府内部では、GHQの方針に従う主張が現れた。もちろん、朝鮮学校閉鎖に関して、日本政府の手続きが不当であるという意見もあったが、反共に基づいたGHQの政策に従うべきであると主張する者が多かった。当時の李承晩政権にとってはアメリカの方針に従うことが優先されていたのである。と同時に当時の韓国政府にとって北朝鮮を支持する朝連系在日コリアンの民族教育を排除することが当時の韓国にとって重要であったことがわかる。第二は、日本政府の在日コリアンの韓国への強制送還に対する李承晩政権の対応である。中華人民共和国が樹立されてから、韓国側は日本との同盟を推進するようになった。その過程で、日本側が以前から求めていた在日コリアンの祖国送還に関して韓国側はこれに協力した。したがって、ここで確認できることは、二つである。一つ目は、李承晩政権としては在日コリアンは日本政府との外交関係を動かせる道具であったということ。二つ目は、韓国政府は在日コリアンを韓国に送還させて国内に包摂しようとしたということであり、それは日本に生活基盤があった当時の在日コリアンの立場を排除したことにほかならない。

第三章　初期日韓会談における李承晩政権の在日コリアン政策

——一九五一年〜一九五三年を中心に

第一節　在日コリアンの国籍・退去問題をめぐる韓国政府の対応

——予備・第一次日韓会談

第一項　日韓会談以前の両国の在日コリアンの国籍の扱い

一九五一年一〇月二〇日、GHQ占領下の日本と韓国との間で会談（日韓会談）がもたれた。冷戦体制のもとでの「反共協力」と「日韓通商協定」を構築する必要があったからだが、協定を結ぶためには、まずは日本の植民地支配が残した問題を解決する必要があった。その一つが在日コリアンの法的地位問題であった[1]。

一九五一年八月、日本政府は日韓会談が開かれる前に在日コリアンの国籍処理問題について本格的な検討を行った。平和条約締結のための講和会議が九月にサンフランシスコで開かれる予定であり、日本の主権回復がすぐそこまで近づいてきた時期のことである。

国籍法を管轄する日本の法務部民事局は、八月六日「平和条約に従う国籍問題等処理要領」という通達文書を作成した。ここで確認できる方針は、①朝鮮人は平和条約の効力発生と同時に日本の国籍を失う、②「朝鮮」戸籍の登録者を朝鮮人とする、③平和条約発効後、朝鮮人の日本国籍取得はもっぱら国籍法の帰化規定による、の三つであった[2]。

在日コリアンは平和条約の発効と同時に日本国籍を失い、日本国籍の取得は帰化を通してのみ可能であるという内容は、外務省を中心に検討されてきた既存の方針をそのまま踏襲したものである。新しい制度は、戸籍の差異を根拠として、朝鮮人の範囲を確定することであった。

植民地時代の日本人と朝鮮人には違う戸籍制度が適用されていた。日本人は日本の戸籍法に基づいて内地戸籍に登録されており、それに対して朝鮮人は朝鮮半島に住んでいようが日本に住んでいようが朝鮮総督府が制定した朝鮮戸籍令に基づいて朝鮮戸籍に登録されていた。そのため、在日コリアンを根こそぎ日本国籍から離脱させるためには、日本人と在日コリアンとの戸籍の違いを利用するのが最も簡単な方法であった。このような法務部民事局の方針については外務省も同意の意思を表している[3]。

韓国においては国家樹立直後に国籍法が制定され、日本にいる在日コリアンに対してもこれが適用された。したがって、韓国政府は韓国籍を有する在日コリアンについては「日本国内の外国人である」とともに、一二月に施行された法律によって在日コリアンが韓国の国民であると主張したのである[4]。国籍法を定めた韓国法務部長官である李仁《イイン》は以下のような見解を表明している。

三・一独立精神[5]を継承する我々にとって、八月一五日以前に国家が存在しなかったのかと言われれば、国家はあったと思う。(中略)大韓民国国民は、昔から精神的に法律的に国籍を持っていたのである。[6]

この見解をもとに張博陳は、韓国政府の考える国家とは三・一独立運動の精神を体現した「国体」を意味していたと指摘している。すなわち、「李仁長官の発言は単なる政府の見解を乗り越え、当時の韓国国民の心情を代弁した言葉であり、かつ、三・一運動を継承した大韓民国政府は一九四八年八月一五日に樹立されたが、国家自体はそれ以前から存在していたと考えてよい。したがって、韓国国籍を持っている人もやはり国籍法が制定される前から存在してきた」と主張しており、三・一運動の精神性をひきついでいるのは北朝鮮ではなく韓国であり、それゆえ韓国が国家としての正統性を持つというのが韓国政府の理論だとした。

この李仁の見解は、結局在日コリアンも三・一独立運動の精神を継承した存在であるという意味で、もともと「韓国人」なのであり、「日本国籍」保有者ではないという主張へとつながっていった。したがって国民登録をした者は大韓民国の国籍法が適用されているというのである。

第二項　民戦結成への韓国政府の対応

前にも説明したが、朝連は在日コリアン社会で規模が大きかった団体であり、GHQの反共政策によって一九四九年九月に解散させられた。以後、同年一二月上旬頃、以前の朝連の組織員らは非公式の日本共産党傘下の民族対策部に組織された。一九五〇年六月一五日、初めての朝鮮人全国党員会議が開かれ、新たな民族団体である在日朝鮮統一民主戦線（以下、民戦）が一九五一年一月九日に結成された[7]。民戦は結成大会で、朝鮮戦争を「祖国解放戦争」であると規定し、「朝鮮民主主義人民共和国を死守する」

という主張のもと活動してきた[8]。

一方、韓国政府は、共産主義系の在日コリアンが拡散すると、政府の立場としては在日コリアンの統制が難しくなるので、在日コリアンの国籍を韓国籍として統一した後に、在日コリアンを強制的に追放できる権限を有する対象にしようとしていた。そのことは以下の日韓会談資料から確認できる。

悪質共産系列分子であろうと、一九四五年九月二日以前から継続して日本に居住している場合には所謂在日韓国居留民の国籍に対する国際的確認が確立されていない以上、韓国国民だと認定はできないので、強制的に追放することはできないと解釈される。[9]

これまで韓国政府は在日コリアンは国籍いかんに拘わらず「強制追放」を行う必要があると日本に要請していた。前述のように、当時の李承晩政権は在日コリアンと密航者の韓国送還に積極的に協力していたが、上にみたような韓国政府の在日コリアンの国籍に対する認識が会談内容に反映されることになる。そのことは、七月九日に開かれた会談で「韓日の間に、犯罪人引渡に関する条約を締結する為に、まず、在日韓国人の国籍を確定しなければその条約の締結が困難」であるという見解を持ち出したことからもわかる[10]。日本との関係改善のために積極的に強制送還に協力していた韓国側は、国籍が明確に決まってない在日コリアンを受け入れるのは難しいと言及し始めた。これは、韓国側が在日コリアンの国籍を明確にするために、韓国送還問題を利用して、日本側に圧力を加えようとしたものと考えられる。

それに加えて国籍を明確にする必要性には、朝鮮戦争の勃発による在日コリアンの強制徴用の問題がある。第二章でも言及したが、韓国側は在日コリアンを強制送還を通じて徴兵しようとしていた。以上のように、韓国側は国籍を明確にした後に、在日コリアンの韓国送還の権限を求めたのである。

第三項　日韓会談における韓国政府の在日コリアン送還権限要求

第一次会談に入ると在日コリアンの処遇に関する問題が本格的に扱われるようになる。その中では、当時行われていた強制送還をめぐる内容も話された。そこには韓国政府の要求も示されている。韓国政府は次のような要求をした。

> 日本での居住権が与えられた在日韓国人に対しては、日本政府は本協定発効日から一定の期間（中略）退去強制をしないようにする。（但し、以下の者については例外とする──筆者）
> (a) 日本の裁判所による無期または一年を超える懲役または禁固に処する者（但し、執行猶予の言い渡しを受けた者は除外する）
> (b) 韓国政府から退去強制を命ずるよう要求がある者[11]

この中で今まで見られなかったものとして注目すべきは、韓国政府が強制送還者を指定する権限を要求していることである。これに対する日本政府の回答としては、「この問題は日本としては慎重に扱いたい。特に（中略）(b)は非常に困難である」という立場を表明した[12]。この要求は、韓国政府が在日コリアンの統制権限を獲得することを目的とする立場のもと、在日コリアンに対する送還権限を要求していたことを示している。

以後、韓国側は会談で在日コリアンの韓国送還権限に対する要求を続け、日本側では「韓国側と『連絡』を取りながらするというのはどうか」と提案し、「追放該当者がいる時には事前に駐日韓国代表部と連絡して、具体的に如何様にするかを決める」と両国の協議のもとで送還することを要求した[13]。これについては、当時の韓国側代表であった兪鎮午《ユジノ》と日本側の入国管理庁実施部長である田中三男《たなかみつお》との間で協議が行われた。当時の兪鎮午は「退去強制問題において『我側《(ママ)》の要求がある者』も退去強制するべきである」と強調し、韓国側はあくまでも在日コリアンの送還権限を求めていた[14]。以後、韓国側は在日コリアンの送還権限を韓国に付与する要求を続けた結果、日本側では松本俊一《まつもとしゅんいち》から同意を得ることになった[15]。しかし、日本政府の見解ではなかったので、公式に許可を得たことにはならなかった。

第四項　韓国政府の在日コリアンの国民登録をめぐる法的地位

一九五一年に入ってからは、日本では外国人の国籍申請は当該国の官憲が発給する国籍証明書さえあれば、日本政府が行うということになった[16]。当時、日本の行政上で韓国の国号が法的実効力を持つようになった後に、外国人登録を行った在日コリアンは全国で五五万三四三〇名であり、そのうち朝鮮籍での登録者は四六万八一一〇名、韓国籍は八万五三二〇人にとどまった[17]。このように韓国籍への登録状況が低調であった理由は、先に触れた訪日時における李承晩大統領の演説によるところもあると思われる。つまり、韓国政府には、当時の在日コリアンの多くを共感させる要素がなかったのである。

この状況のことは、当時日本との外交関係を担当し、後に日韓会談代表に抜擢された兪鎭午が会談準備のために一九五一年九月に渡日した際の記録である「日本出張報告書」中の、「在日韓国人の登録問題」の項目に記述されている。この資料をみると、在日コリアンの大韓民国国民登録数は韓国人としては「八万である」と書かれており、登録されている在日コリアンが「五〇余万である」とされていることから、大韓民国の国民登録の成績が良くないとの自覚がみてとれる。また、文書には「日本政府は韓国人と朝鮮人（北韓傀儡追随者）を区別して別々に登録を受けている」と書いているが、これは韓国側が韓国民として登録していない者は北朝鮮を支持している人々だと認識していたということであり、国民登録が結果的に反共の防波堤としての役割を果たすであろうと考えていたと思われる。さらにその文書の中には、韓国側は「未登録者（朝鮮籍として登録されている在日コリアン—筆者）も韓国国籍を有する者として処理しなければならない」という記述も残されている。当時朝鮮戦争によって極めて激烈な南北対立関係となっていた状況において、韓国政府による国民識別政策の面では、在日コリアンの識別を「どのように処理するか」が重要な問題となっていたことがうかがえる[18]。ここでいう、国民識別政策とは、朝鮮戦争勃発後に韓国国民の中から北朝鮮を支持する者を識別し排除しようとする政策のことである。そのために「避難民証明証」制度が一九五〇年一〇月頃に設けられ、「市民証」を交付する制度が始まった。市民証の発給過程には警察官の審査と保証人二人が必ず必要となった。この審査においては思想的に厳密な検査が行われた。市民証がなければ即刻不純分子として処罰の対象となった。こうした国民管理制度を断行する李承晩政府の論理は「善良な市民の身分保証を行い、悪質で破壊的な共産党すなわち北朝鮮を掃討するため」であると報道された[19]。

ところが一九五一年九月二六日、韓国の外務部長官が駐日韓国代表部大使に送った「在日僑胞[20]の国籍及び居住権問題に関する件」[21]という起案文には、「在日僑胞の国籍及び居住権問題に関しては、日本政府と交渉する案□□般指示しているが、本件問題に関しては、将来□対日本の基本的な諸問題の解決段階において解決をはかる計画であり、緊急の問題ではないと考えるため、日本政府との交渉は本部の別途の指示があるまで、中止することを要望する」と記録されている（□は判読不能）。兪鎮午によって在日コリアンの国民登録と反共政策との関連性が認識されていたにも拘わらず、本国の外務部長官はこの段階では「緊急の問題ではない」として、あまり積極的ではなかったことがわかる。

しかし一〇月八日付の「在日韓僑の国籍や居住権問題に関する審議の件」[22]をみると、韓国側が日本側に出した要請の中に、在日コリアンの法的地位に関する韓国当局側の取扱いに変化があったことが確認できる。ここに至って韓国当局は「一定期間内に韓国の国籍が選択できる権利すなわち国籍選択権を付与して韓国の国籍を選択した韓国人が日本に永久に居住できる権利」を在日コリアンに与えるように日本側に働きかけようとしていたことがわかる。その目的は、在日コリアンが日本の出入国管理令のもとでは追放の対象になってしまうことから、これを避けるために考え出された案といえる。しかしながら、他国の法に干渉をするような形をとることは望ましくないため、苦肉の策として「大韓民国の国民は三年以内に日本の国籍を選択できるようにし、帰化の手続きにおける日本の裁量の余地を無くして、まず日本の国籍を選択し、追放されることなく日本で永住権を得るというような案も考慮できる」と言及している。このような発言から、韓国政府は日本国籍を取得することについて以前とは異なる姿勢をみせた。以前は在日コリアンが韓国籍を取得することを求めていたが、ここでは日本国籍の取得を考えている。おそらく、韓国政府は在日コリアンに対して合法的に管理する術がないので、在日コリアンが抱える諸般の問題に対する責任を回避する方向を考えていたのではないだろうか。

第二節　在日コリアンの国籍・退去問題をめぐる韓国政府の対応
——第二・三次日韓会談

第一項　日韓会談からみる韓国側の共産主義者識別の動き

一九五一年一〇月一七日に日韓会談での韓国側の副首席代表として任命され、一二月から駐日韓国代表部公使を務めたのは金溶植《キムヨンシク》であった。金溶植は、日本の植民地時代にも朝鮮総督府の朝鮮人官僚であったが、米軍政庁が植民地支配体制を温存したことによって、韓国政府樹立に関わるようになり、韓国の親米系政治家としてキャリアを重ねた。一九五一年一〇月三〇日から本格的に第一次日韓会談が開かれ「在日韓国人の法的地位問題討議のための分科委員会」が持たれた。「第一次在日韓僑の法的地位問題討議のための分科委員会経過報告」[23]と題された議事録をみると、この委員会では日韓両国が在日コリアンの国民登録の登録率の低さについての議論を行っている。

韓国側はまず、日本における刊行物全般において在日コリアンを「朝鮮人」と表記していることが大半を占めていることを問題視した。これに対する日本側の主張は、「朝鮮」という表記は単に旧植民地出身者であるとの意味以上のものではなく、「朝鮮人」と書かれているからといって在日コリアン全員が共産主義者というわけではないため、国籍の表記だけをもって共産主義者か否かの識別基準にすることは難しいというものであった。しかし韓国政府からすると、刊行物に自らを「朝鮮人」と表記することは共産系の在日コリアンの韓国政府に対するなんらかの意思表示となっていると指摘した。つまり在日コリアンが「朝鮮人」と表記するのは、韓国政府からみれば、韓国政府に反旗を翻す意味を込めた表現であるとの見解であった。韓国政府は日本と韓国がいわば同盟関係にあることを強調し、この件については「今後対処してほしいと要望」した。このような韓国側の発言からは、国籍欄に「朝鮮」と表記する在日コリアンを共産主義者として扱ってほしいとする姿勢がみてとれる。

このように日韓会談で話し合われた在日コリアンの法的地位問題は、両方の意見がなかなかかみあわない状態で進行していったが、一一月三〇日の法的地位分科委員会において転機がおとずれる[24]。このとき日本側は「韓国政府が在日韓人に登録証のようなものを発行する計画であるという話を聞いたが、事実であるか」と質問したのに対し、韓国側が「駐日代表部で登録をして証明書を発行し、次にそれに基づき永住権を認めると、よいのではないか」と、日本の永住権を含む登録策を提案したのである。

この件に関する日本側の反応は、登録を拒否する「共産系韓人に対する措置」についていかにすべきかというものであり、それに対して韓国側は「悪質共産分子の追放には賛同する」としている。このように、もともと正反対のベクトルを持っているはずの韓国国民登録の問題と日本における永住権付与の問題がリンクして語られるようになっていくのである。

一方、日韓会談が開かれた直後の一九五一年一〇月二七日の文書「出入国管理令を韓国人に適用する場合の諸問題」を検討した李誠の論文によれば、同文書には「(1)韓国駐日代表部が発給する国籍証明書を提出する者にのみ永住権を与え、本人の申請を基礎として個別に審査する。(2)この文書の提出がない者は三年期限付きの在留権を与え、その期間の更新は認めない。(3)出入国管理令に規定された素行、すなわち善良で独立生計維持能力があれば永住許可要件は緩和すること」[25]と書かれているという。

この内容から判断して、韓国政府が認める「善良」な在日コリアンには永住権を与えるが、自ら韓国国籍を申請しない者には期限を定めて在留権を与えた後、最終的には韓国に送還させてから、厳密に思想傾向を識別しようと考えていたと李誠は指摘している。

一二月三日に行われた委員会の議事録をみると、韓国側に在日コリアンの永住権問題についてどのような思惑があったのかを知ることができる[26]。そこに記録されているように韓国側の兪鎮午代表は、在日コリアンが韓国国民として登録されたら、「永住許可が出るようにしてほしい」と日本側に要請した。この要請の背景には、これまで思ったように国民登録数が伸びなかったのは、登録をしようがしまいが在日コリアンの生活にはなんら影響がなかったからで、韓国の外国民登録をすれば日本での永住権が得られるとなれば、国民登録をする者が増えるはずであるという韓国側の思惑が根底にある。つまり、国民登録をすることでなんらかのメリットがあれば、登録数も伸びるであろうと見込んでいたことと、現行の制度では在日コリアンが国民登録をするべき動機づけに欠けるという認識が韓国政府側にはあったということである。

ここで興味深いのは国民登録という本来は内政上の問題であるはずの案件を日本の永住権とからめて解決しようとしている点である。このことは在日コリアンの歴史的・政治的特殊性に起因するものであるが、韓国側の要請（韓国籍として登録する在日コリアンに永住権を与えること）に対して、日本側は「日韓両国が協力して好成績を上げたい」と歩み寄る姿勢をみせながらも、登録の徹底については経費や労力の面から無理があると懐疑的な立場をとっており、「無登録者がたくさん出ないように研究してほしい」と述べている。その後、一二月七日の委員会では、こうした日本側の意見について韓国側は、「永住権に関しては、そのままえに登録という重大な問題があるので、本国政府と具体案を取り決めなくてはならないだろうが、ともかく韓国が登録を行い、登録者に対し」日本政府から「永住権が与えられればすべて解決する問題」[27]であるとして、日本側に永住権の付与を催促している。一二日の委員会では、協定が締結されたときの効力発生日時をいつにするかという日本側の質問に対し、韓国側は「対日講和条約発効日」になるかも知れないと答え、日本側は国籍問題については「国籍問題は国内法だけでは規定できない問題であり、処遇問題は国内法で対処できる問題だと思う。したがって、国籍問題の解決（すなわち国籍が韓国であるか、日本であるかを決めること—筆者）がなければ無意味であると思われる」と語っている[28]。つまり講和条約の締結後、韓国の国籍法が適用されて韓国国民に登録されている在日コリアンには、日韓会談の中で決定された法的地位の内容が適用されるというのである。

第二項　日韓の韓国国民登録をめぐる永住権申請の意見

前項で紹介した「出入国管理令を韓国人に適用する場合の諸問題」には、在日コリアンに韓国籍を登録させ、永住権を許可する問題に関しての日本側と韓国側の議論が紹介されている。そこで韓国側は「韓国側証明書が永住許可の条件」であり「韓国側が善良な人間と判断した場合、（省略）永住を許可してほしいと要請した」。これに対して、日本側は「善良でない者は退去してもよいという条件であれば韓国側を信頼して認めることを考慮してもよい」と言い、「韓国政府の発令する登録証明書」があれば、「永住許可を申請した者に対してはこれを許可することに合意」したと確認している[29]。韓国側は韓国国籍を選択した在日コリアンには、永住権を付与するよう強く求めていたのである。

上のような会談の経過を経て同年一一月に日本側によって作成された「在日朝鮮人の在留資格及び処遇に関する一私案」には、在日コリアンの永住権問題に関して「永住許可を希望する者は外国人登録証明書の他、韓国代表部の発給する証明書を提出させること」と書かれていた[30]。これはこの間の日韓会談において、韓国側が韓国国民と認める在日コリアンに日本の永住権を与えることを要求した議論が反映されたものと思われる。

一方、一二月一八日に行われた日韓会談では、在日コリアンの国籍については「日本国籍喪失及び大韓民国国籍取得については、それぞれ当該国籍国の国内法によって決定する」と述べられ、韓国側が韓国国民として登録していた者については韓国国籍を認めるとした。永住権問題については「永住許可を得ようとする者は韓国側が発給する証明書を添付して、日本側にその申請をするものとする」と言い、永住権の申請期間として一年の期限を与えるとした[31]。

一二月一八日の会談においては、永住権の問題がある程度合意に達したので、申請期間についての協議が行われた。日本側は申請期限を一年とすると述べたが、韓国側は一年以上の長期にする必要があると要請している。日本側はこれについて「遅すぎると韓国代表部に登録するのが遅くなりやすい。(中略)申請を一年にして、許可は事後に行うことにする。また一年にしておいて、もし韓国側の都合で遅れる場合、韓国側の要求によって三、四ヵ月間延期すればよいと思うので、それにたいする用意もしてある」[32]と述べている。一二月二一日の協議で日本政府は韓国側の要求に配慮して、永住権の申請期限を「一年を二年に延長」すると述べたものの[33]、期限についてははっきりと決定されたわけではなかった。この協議では韓国政府が韓国民登録をして日本の永住権を取得した者に対する強制退去権限を要求したが、日本政府は「永住権を認める代わりに、追放は国内の問題であるため日本の主権を侵犯する協定は結べない」と応じている。韓国側がこのように韓国民登録をした日本の永住権取得者に対して強制退去の権限を求めた理由は、共産主義者を選り分けたいという目的があったからだと考えられる。

またこの時に協議された、生活保護を受けなくてはならない貧困な在日コリアンについて日本側が韓国側に責任を任せる提案について、韓国側は「韓国は現在戦争中であるために貧困者の保護を日本に望んでいるわけだが、韓国人はその他の外国人とは別個の特殊外国人であるので（その保護を――筆者）我々は要求しているのに、日本側の根本的思想が間違っているのである。日本の厚生省は戦争で困っている韓国本国に貧困者を放逐するつもりなのか」と反論した。当時の韓国政府予算の支出は、国防と治安に重点が置かれ、貧困者の面倒を見られるような状況ではなかった[34]。

一二月三〇日の議事録を検討すると、日本側が提案した国籍決定の基準は「在日韓国人の国籍は戸籍を基準に決定」[35]するとし、もし日本の国籍を取得したいときは「日本の国籍法によって行う」と言及している。それに対して韓国側は「韓国政府は日本に在留する韓国国民に対して国際法上の保護権を持っており、日韓会談においては日本における在日コリアンの処遇と法的地位について論議しなければならない」と主張しており、この協議では「国籍問題よりも、主に在日韓国人の処遇及び法的地位に関して展開」されたと記録されている。

日本側の国籍決定の基準に関する提案に対しては、予備会談での韓国側の対応は在日コリアンの永住権などの日本国内の処遇問題よりも国民登録に重点が置かれていたが、一九五一年一二月末の段階においては、登録された国民に対する自国の保護権のありかたへと重点がシフトしているのである。

一九五二年に入り、一月二一日に行われた「第二三次在日韓僑の法的地位分科委員会経過報告」[36]では、国籍をめぐる問題に関して韓国側は「国籍問題の原則論を討議する必要はないと一蹴《ママ》拒否した」という記録が残されており、上述の韓国側の意図を確認することができる。

韓国側は国籍問題よりも日本での永住権と処遇問題の解決について議論すべきであるという方向転換を行ったのである。その後、両国は「在日韓国人の国籍及び処遇に関する韓日協定案」[37]においてこれまでの協議内容を整理し、第一次日韓会談は終結した。

このような韓国側の態度の変化には、これまでみてきたように韓国民登録率を上昇させるために、まずは在日コリアンにとってメリットになることを模索するという側面と同時に、在日コリアンの保護については一部を日本に負担させたいという思惑が隠されていた。在日コリアンへの経済的な支援は日本政府に頼りながらも、その統制権だけは確保しようとしていた韓国当局側の動きからみて、ここで協議された在日コリアンの法的地位の確保とは決して当事者である在日コリアンの処遇のために行われたものではなく、韓国の国益追求を最優先するためのものであったことがみてとれる。また、韓国政府にとって在日コリアンを「国民」とする基準はきわめて曖昧なものであり、「共産分子」であるかどうかという点に重点を置きながら、日本で大韓民国の国民登録をさせはするものの、おいそれとは帰国させようとしない矛盾にみちた行動をとることになるのである。

第三項　韓国側の強制送還拒否問題

一九五二年四月、講和条約の発効と同時に、在日コリアンは、法務府民事局長の一片の「通達」によって日本国籍を失った。以後、在日コリアンは日本の法律一二六号によって在留資格を持つことなく日本に留まることはできたが、一般の外国人と同じように、新憲法の人権規定の及ばない出入国や外国人関連法規の適用を受けることになった[38]。そして、在日コリアンの明確な国籍が決まっていないことで、その影響は日韓の強制送還問題にも現れてきた。

日韓会談が行われている当時も、日本の大村収容所に収容されていた在日コリアンと韓国からの密航者が韓国に送還されていたが、第一次日韓会談終了後の一九五二年三月、韓国政府は強制送還された日本への「不法入国者」は受け入れたが、大村収容所からの一二五名の強制送還者の受け入れを拒否する事件が起こった[39]。韓国側が拒否した理由としては二つのことがあげられる。一つ目は、前述した一九五一年一二月二一日の第一次会談での議論に見受けられるように、韓国側は生活保護をうけなくてはならないほど貧困な在日コリアンについては、朝鮮戦争によって社会が混乱しているため受け入れる余裕がなかったことである。

二つ目は、駐日韓国代表部があげている内容からみると、「日本に居住していた韓国人の国籍および処遇に関する協定が成立しなかった結果、韓国としてはこれら韓国人（在日コリアン―筆者）が韓国籍を正式に取得したことを法的に確認できない」[40]ことであった。また、在日コリアンの多くは共産主義者であると韓国政府は主張していたことからも、「終戦前から日本に居住していた」在日コリアンを韓国へ送還することを「批判」し、日韓間の懸案事項が解決するまでは送還を拒否するという論理が生きていた[41]。講和条約によってもいまだ在日コリアンの国籍が明確ではないことを理由にあげて、韓国側は強制送還を拒否したのである。おそらく、ここでいう国籍が明確ではない在日コリアンとは、韓国の在外国民登録をしてない者のことであろう。

しかし、韓国政府が在日コリアンの受け入れを拒否した実際の理由については、三つの要因をあげることができる。一つ目は韓国政府の日本での永住強制論である。朝鮮戦争による混乱と貧困によって、在日コリアンの受け入れは韓国の政治・経済的負担となる恐れがあり、彼らの「本国送還は絶対的に封鎖」しなければならなかったのである。これについて張博珍は、「在外国民保護のための純粋な政策的意図からではなく、彼ら（在日コリアン―筆者）の本国帰還を防ぐため、事実上の日本永住『強制』政策の意味合いが強かった」と受け入れ拒否の理由について論じている[42]。

二つ目は、民団側の反発である。前述したように、一九五一年一月一二日、当時の駐日韓国代表部公使であった金龍周は「左右翼を問わずに」、「悪質分子に対して総司令部及び日本政府に要請して、本国（韓国―筆者）へ強制送還する用意がある」と発表したので、民団側は反発した[43]。これに加えて、民団は「左右翼を問わずに」との文言が在日コリアン（民団―筆者）の意思を無視する言動であると反発していたのである[44]。このような状況の中で、一九五二年四月七日の『東亜日報』は、民団が「在日同胞貧困者の強制送還を絶対に反対することを決意する」との記事を掲載しており[45]、韓国政府としては民団の立場を無視することは難しかったと思われる。先にみたように、韓国側は五月に大村収容所からの強制送還者の受け入れを拒否したので、時期的に考えると、民団側の反発がその判断に影響を与えた可能性がある。

三つ目は、在日コリアンの送還権限の交渉において自らを有利な立場に誘導することであった。前述のように韓国政府は在日コリアンの送還権限を要求していたが、日本側からは肯定的な返答を得られなかったので、政治的に強い立場をみせて、日本政府に要求を受け入れさせるつもりであった。このような、韓国政府の送還権限の要求は、次の日韓会談文書の内容から確認できる。

△日本側の意見（要旨）
強制退去該当者四六〇名（大村収容所の被拘束、その中逆送還者一二五名含む四月二八日現在。それ以外癩病死亡者三名、若干名入院）の引受を要求
理由　強制退去権は主権国家の当然の権利
△韓国側の意見（要旨）
該当者の引受を拒否
理由(A)該当者の国籍が未確定状態であること　(B)該当者が協定成立以前に発生したこと　(C)その退去処分に関して事前協議がなかったこと[46]

日本政府の立場としては、強制退去権を韓国政府に与えるのは、主権国家の法に背くので、不可能であると反論した。一方、韓国側は在日コリアンには韓国人として韓国の国籍法が適用されないので、受け入れできないという立場を表明した。

以後、日本側は、過去には韓国側は送還を受け入れたにも拘わらず「国籍未確定論」を理由に急に受け入れを拒否したことを批判し、「法律論」ではなく「政治的に扱って引受」けてほしいと要請した[47]。しかし、韓国政府は韓国民として登録された在日コリアンの「歴史的な事実を考慮」して「強制退去を保留して特別扱い」をしなければならないと主張した[48]。この主張は国籍未確定論ではなく、植民地支配という歴史的経緯を考慮して退去強制をしないでほしいということである。日本政府の強制送還者の受け入れ要請に対して、韓国政府は消極的な態度をみせ、その理由として在日コリアンの国籍が未確定であることに焦点を当て直して反論したのである。

第二次会談では、韓国政府の強制送還者の受け入れ拒否に対する日本側の反発と、韓国政府の在日コリアンに対する送還権限の要求が焦点であった。当時、韓国政府は民団を中心にして在日コリアンを統制しようとしたが、民団は民戦と比較すると、統制力が貧弱であった。したがって、韓国政府は、在日コリアンの国籍が不明確であることを口実にして、彼らに対する送還権限を得た後に、在日コリアンの統制を強めようとしていたのである。

第四項　李承晩政権の強制送還中止と大村収容所の問題

一九五二年一月一七日、李承晩政権は「隣接海洋に対する主権に関する大統領宣言」を発表し、「平和線（日本では李承晩ライン、または李ラインと呼ばれる—筆者。以下、「李ライン」とする）」を宣言した。「李ライン」との設定は、日本との国境が陸地だけではなく、海にも存在しているとする宣言であった。しかし、日本側はこれを韓国側の一方的な宣言であり、日本の領土を侵害するものであると反発した[49]。この

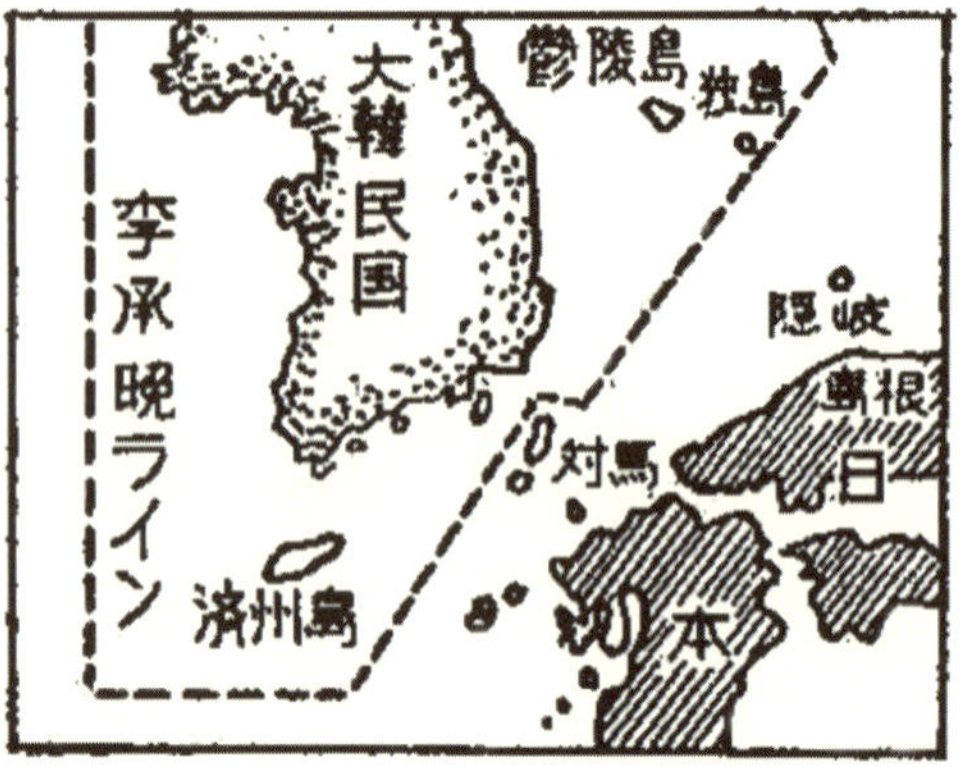

民団が発行した民主新聞で李承晩ラインを紹介した地図
（出典：『韓国新聞縮刷版』1巻）

問題で日韓関係は悪化したが、「李ライン」で拿捕される日本の漁船や漁民が急増したので、日本側は漁業問題を焦点として日韓会談に積極的に応じるようになった。しかし一九五三年四月からの第二次日韓会談は、朝鮮戦争の休戦協定の締結が迫っていることを理由に中断することになった[50]。そして、七月二八日、国連軍代表と北朝鮮の代表が休戦協定を結んで朝鮮戦争は休戦した[51]。

　一九五三年一〇月一〇日の第三次日韓会談では[52]、先に述べたように韓国側は、日本に在留する在日コリアンについて「国籍が未確定な状態」なので日本は「強制退去処分」にできないと主張した。その理由は講和条約によっても、在日コリアンの国籍が決まっていなかったからである。韓国政府としては在日コリアンが韓国籍を取得したら送還を受け入れる考えであった。そして、大村収容所にいる在日コリアンの処遇については、「大村収容所に拘束されている韓人一二〇人の釈放を要請」し、収容所にいる在日コリアンの扱いについて「不当な措置を解消」するように要請した。

　これに対して日本側は「過去韓国側から、在日韓人に対する保護措置において、事実上大韓民国の国民として取扱」い、韓国側に「連合軍の占領時代に事実上、引き受け」られていると主張した。それに対して韓国側は「日本が独立した後」、戦前からいる在日コリアンの国籍が確定していないので、「引き受けるのは無理」であるという見解であった。

上のように、第三次日韓会談では在日コリアンの強制送還問題を扱っていたが、日本側代表である久保田貫一郎《くぼたかんいちろう》の発言で会談は決裂した。当時、日本の朝鮮植民地支配の請求権と在韓日本人の財産問題に関する協議が行われていたが、一九五三年一〇月一五日、久保田は日本による韓国の植民地支配には肯定的な面もあったと発言した。この発言は、韓国政府に刺激を与え、二一日の第三次日韓会談は即座に終了した[53]。したがって、韓国政府は日本政府に対して、在日コリアン問題を取り扱えない状況になってしまったのである。

第三節　日韓会談に対する各在日コリアン団体の反応

第一項　日韓会談に対する民団の動向

一九五二年九月に出た『公安調査月報』では、日本社会で反共活動を行っていた右翼団体である「救国青年連盟」が、「悪質朝鮮人強制送還市民大会」を開いて、在日コリアンの強制送還に賛同することを表明した。これに加えて、強制送還を積極化するために、救国青年連盟は民団に対して、「悪質朝鮮人の強制退去」と「破壊暴力活動に対する制圧」を揚げ、送還運動の手段としては、「民団系朝鮮人をも陣頭に立たせて、善良な朝鮮人の立場から強制退去の必要性を強調せしむる」と述べた[54]。このことから、当時の日本の右翼団体が民団を好意的にとらえていたことがうかがえる。当時、反共活動を行っていた日本の右翼団体と民団とは、北朝鮮を支持する在日コリアンを韓国へ強制送還するべきだとの認識で一致していた。

それでは、民団は日韓会談にどのような立場で向き合ったのか。第一次日韓会談が開かれていた一九五二年の三月一日に、東京の日比谷に約九〇〇名が集まり、三・一記念の民衆大会を開いて、「日韓会談の円満解決、大韓民国の国籍獲得、日本の永住権取得権の確保などを決議」し、京都では「京都労働会館」で「居留民団京都府本部主催三・一節民衆大会が約一千名」参加して開催された[55]。しかし、民団が日韓会談を支持する活動を行っていたにも拘わらず、当時の日韓両国は、植民地支配認識をめぐる意見対立によって、会談は中断されていた。

一九五二年一〇月四日から始まった民団第一五回全体大会の執行機関報告によれば、日韓会談の決裂は「在日僑胞には大きな動揺を与え」て、「民団運動は財政問題解決の方途が途絶えたまま、その可能策を発見できずまま《(ママ)》、一歩も進まなかったのは、実に遺憾である」との立場を明らかにした[56]。そして民団の民生局では、「厚生問題、失業対策問題、商工業者金融問題などにおいて、韓日会談の中絶で、困る《(ママ)》日政の悪感情によって困るようになって、我々の険路がもっと困るようになってきます」と報告されている[57]。大会議長である洪賢基《ホンヒョンギ》の名義で、日本の法務大臣に送った「外国人登録証切替に際しての要請事項」によって、在日コリアンの国籍を一律に「大韓民国」にすることを要請して、「韓日会談が成立すれば必然的に又国籍欄は韓国に書きかへられるべきことので《(ママ)》あります」と主張した。しかし、日本側の入国管理局総務課長の中村茂《なかむらしげる》名義で出された「登録切替に際しての民団要望事項に対する回答の件」には、「実質的に、旧登録証明書の内容の移し替えとして取扱う方針」であると主張され、民団の要請は拒否された[58]。

上のような状況で、一九五二年一〇月二〇日に民団の民生局長である羅鍾郷《ナジョンヒャン》は、各県本部の団長に「現在の韓国人の国籍は法的には曖昧で、韓日会談で解決するようになるので、韓日会談再開促進のために相互に努力しよう。(中略)国籍に関しては韓日会談締結時にゆずって」、「速やかに韓日会談再開を促進」することを求めるとして日韓会談の再開を強調した[59]。

一九五三年六月一五日、民団が発行する『民主新聞』は、永住権問題について「駐日韓国代表部からの証明書所持者には永久居住権を与えること」とあり、日韓会談を通じて、日本政府が行った「『不法外国人の強制退去』の規定」について、「韓国は強制退去の理由中、貧困者の項目には適用を除外するよう要求している」と報道した[60]。ここで確認できることは、当時の駐日韓国代表部が民団系や李承晩政権を支持する在日コリアンには韓国人としての国籍証明書を与えていたので、民団は彼らは日本から強制退去させられないと認識していたということである。また『民主新聞』は、韓国政府が「貧困者」のために、強制送還の「適用を除外」することを日本政府に要求しているとアピールした。

一方、「李ライン」によって日韓関係は悪化したが、民団は「そもそも『李ライン』は自身の保護水域を明確に」するものであり、韓国を保護することであると認識していた[61]。このことは、民団は「李ライン」が不法ではなく、正当な保護政策だと認めていたことを示している。

「李ライン」によって日韓関係が悪化しても、民団の立場は韓国の方針を支持しながら、韓国と日本との国交の樹立を求めていた。同年九月一七日の『民主新聞』では「韓日両国間の健全な国交樹立」の意味について「亜細亜の集団安全保障の樹立と、経済的見地から両国間が互□（判読不可）的原則下に繋栄を企画することが、真正な平和に寄与することである」と書かれ、日韓会談によって両国の国交が結ばれることを望んでいた[62]。繰り返すが、当時、日韓会談では国籍問題が取り扱われていた。韓国の駐日代表部に韓国国民として登録されている者には日本の永住権が与えられていたが、これについて民団は次のように評価している。

一九五一年十月二日に開始された第一回韓日会談では、在日韓国人の国籍及び処遇問題、船舶問題基本国交問題に関する三分科委員会設置の下に討議を進めたが在日僑胞の国籍処遇問題はのどもとすぎれば熱さを忘れる日本人独特の民族性そのままに、四十年間の残虐な歴史を忘れ去った日本側の理不尽な主張により、交渉は難航したが、一九五二年一月、次の諸点に於て双方の意見が一致した。

一、終戦前からの在日韓国人は永住許可申請者に願ってその許可を与える。
二、在日韓国人の強制送還は両国合意の上行う。
三、在日韓国人の既得権はその個人一代に限り認める。
四、在日韓国人は日本の講和発効と同時に、日本の国籍を離脱して韓国の国籍を取得する。

（中略）

在日六十万僑胞全てがわれ等唯一の主権国家大韓民国々民としての国籍を収得する事により、本国政府の統制下に措かれる時、日本が受けるであろう所の利益を考えれば、日本は今回の会談に於て、

われらの国籍処遇問題に関してより積極的な態度を示すべきであろう。〔63〕

民団はこの間の日韓会談で韓国籍を持っている在日コリアンに永住権が与えられたと認識していたので、日韓会談での一時的な結果（韓国籍者に与えた永住権の権限）に満足していた。そして、民団はあらためて日韓会談が行われれば、日本内で国籍問題が進展すると期待していた。

第二項　民団の韓国国会参加

民団長である金載華と団員金光男は、李承晩の訪日時に手渡した民団からの要請内容を韓国政府に伝えた。

(1)政府の対日貿易の一部は、民団を通じて在日韓国人工場から購入してほしい。
(2)在日同胞の中小企業者に韓国銀行東京支店で融資してほしい（二百万弗限度）。
(3)韓日会談に在日同胞の代表を参加させてほしい。
(4)国会に在日同胞の代表六名を『オブザーバー』として参加させてほしい。〔64〕

(4)については一九五三年一一月一四日の韓国国会で議論された。そこで、当時の韓国法政司法委員会委員長である嚴詳燮《オムサンソプ》は、「民団から先日に大統領に建言書がきたが」、「本国国会に在日僑胞六名を参加させて、発言権を付与するように要請」、「六〇万名以上の少なくない同胞が在留していることから、その

1953年に訪日した李承晩と吉田茂の記念写真

（出典：韓国公報部広報局写真担当官『이승만 대통령, 요시다 일본 총리 및 클라크 유엔군 총사령관과 회담』〔李承晩大統領，吉田茂日本総理及びクラーク〔Mark Wayne Clark〕UN〔国連〕総司令官との会談記念撮影〕韓国国家記録院，管理番号：CET0019079, 1953年）

利害関係（韓国政府と民団との関係—筆者）が非常に大きく左右されます」と述べた。そして、李承晩は嚴詳燮を通じて、民団の参与に関して「自分たちにも関係のある要件についての発言権を求めていることなので、もし何か弊害になることがない限り、そうできるように国会議員の皆様が議論して決定してください」（つまり、韓国の国会で民団員のオブザーバー参加を許可するということ—筆者）[65]と伝えた。そして、民団側が要求した四つの要求の中では、国会のオブザーバー参加しか認められなかった。民団側の要求がどのようなルートで伝えられたのかは未確定であるが、しかし、この時の国会では、民団側からのオブザーバー参加の要求事項について議員からの言及はなかった。この事実からは、おそらく国会議員たちが持っていたであろう在日コリアンに対する認識（政治思想に対する疑い）が大きく反映されたと思われる。

その後、同月二四日の国会で、「同代表六名を限度（議事録には「六名はちょっと多いので、三名程度」と言及）に国会にオブザーバーとして参席して在日僑胞の実情と権益擁護の問題に限って、発言権を付与」することが決定された[66]。その結果、民団員らは国会にオブザーバーとしては参加できることになったが、日韓会談には関与できなくなった。このような韓国政府の冷淡な対応にも拘わらず、当時の民団は「在外国民登録」の業務協力などで韓国政府と基本的に良好な関係を維持していた[67]。

1953年に訪日した李承晩と民団関係者の対面
（出典：前頁写真に同じ）

以後、民団関係者は韓国の国会のオブザーバーとして参加するようになり、一九五三年三月の国会では、民団代表として参加した金光男が在日コリアン問題に関して、改めて四つの要求をした。一つ目は、韓国政府の在日コリアンへの教育支援である。二つ目は、中小企業（在日コリアンが経営する企業—筆者）の支援である。三つ目は、在日コリアンが駐日韓国代表部を通して、韓国へ自由に入国できるようにすること。四つ目は、在日コリアンが韓国へ入国する際に、財産を搬入できるようにすることであった。特に三つ目の要求に関連して、当時の民団員が韓国に入国するときは、「我が国に我々が来るのに国内の保証人二人が要る」ことをあらためて紹介し、「公証人が必要なので、一〇〇〇ウォンの経費がかかる。公証が用意できて、やっと来れるようになる」と金光男はその煩雑さを国会で訴えた[68]。これは、民団関係者さえ、韓国に入国するためには厳しい手続が必須であったことを示している。

第三項　日韓会談に対する民戦の対応

一方、当時の民戦側（反民団陣営）は、一九五二年一月二五日に日韓会談による日韓両国の接近に対する自らの立場を以下のように発表した。「韓・日会談なる名目の下に、吉田反動と李承晩売国徒輩の間で強制追放と関連して軍事同盟の陰謀が公然と進められている」、「売国奴どもの本質をよく知っている在日同胞は断乎として韓・日軍事同盟の陰謀に反対し、その進行を監視している」し、「全同胞は、警戒心を一そう高め、反対斗争をさらに激化させねばならない」と主張した。また、「この会談は単独講和の発効とともに一そう気違いじみてすすめられることが予想される」ので、「われわれは強制追放反対斗争を強化し、祖国防衛斗争を前進させるために、この韓・日軍事同盟の陰謀と本質を徹底的にバクロしなければならない」と日韓の同盟関係を批判した[69]。

同月三〇日にも民戦中央組織宣伝部は「日韓会談を断乎粉砕せよ」というスローガンを掲げて「日韓会談による強制追放陰謀の基礎たる出入国管理令破棄斗争と所謂治安立法反対斗争、総選挙カンパニア、平和戦線強化斗争、国際経済会議及び人権保護斗争」など、「現在斗つている各階層の各種要求と斗争を吉田政府打倒、駐日代表部及び代表団とその周囲に結集している民団悪質間諜分子を掃蕩する斗争をそう集中せしめなければならない」と主張した[70]。加えて、民戦東京委員会は第一次日韓会談が開催されてから「日韓会談、強制送還反対斗争月間」を設定し、「署名運動、抗議運動、宣伝活動など」に関する闘争方針を決定して、反対運動を展開してきた[71]。

そして、三月一日、「三・一革命」の三三周年行事では「全国同胞大衆は共和国国民としての運命と自覚を高め、日帝の再軍備軍国主義復活のための収奪と支配体制と侵略政策、そのための日韓会談と韓国国籍強要と強制追放を暴露し、これ等一切の戦時政策を実力で抵抗マヒをさせ粉砕する祖防斗争を更に展開し、米帝と吉田打倒に集中」すると表明し[72]、日韓会談に反対していた。

日本の『公安調査月報』によると、同年一二月一八、一九日に、東京で開催された民戦第三回全国大会で決定された「日・朝親善平和月間」闘争において、「在日朝鮮人に対する吉田政府の諸弾圧は、米帝の戦争政策の一環からきているのであって、弾圧政策の狙いは日・朝人民の離間分裂を目的とする」と規定し、さらに「この米帝の戦争政策と植民地奴隷政策から離脱するための解放闘争は日・朝両民族にとって当面共通した課題」と言い、これを「共通の闘争を通じ」て、両国民の親善を図るべきであることが強調された。このような民戦の活動展開は、一九五三年一月五日の李承晩の来日を契機として発展していった[73]。当時、李承晩の訪日を知った民戦は、一九五二年一二月二九日の緊急通達で「李承晩の来日は在日朝鮮人の徴兵問題、強制送還の促進と日本の軍国主義を復活し、日本の軍事力を祖国侵略に導入する陰謀を目的とするものであるから、あらゆる宣伝方法をもってその陰謀を暴露粉砕せよ」との指令を発し、「大阪、滋賀等の地方では一月五日（一九五三年―筆者）民戦主催のもとに、『日・米・韓会談粉砕人民大会』を開催して気勢をあげ、第一次、第二次抗議代表団を選出して直ちに上京させたが、その他の地方でも各地で会合を持ち、代表を選出して続々と上京させる一方、京浜地区尖鋭分子によって、李大統領暗殺の情報も伝えられる」と記されている[74]。その後、民戦は一月七日に次のような声明書を発表した[75]。

民戦声明書

三千万朝鮮人民は《（ママ）》全世界平和愛好人民たちに、最もその惨虐性と冷酷性と、詐欺性をもって悪名高い売国奴李承晩が日本にきた。これは先般アイゼンハウアーに提出した、七ヶ条の要求書に対する回答がクラーク（Mark Wayne Clark）を通じて伝達されるために、その回答に対する李承晩の答弁を求めるためにクラークが呼んだのである。

これはわれらが推測し、また平壌、モスクワ、北京の報道によっても明白のように、それは米帝の朝鮮戦争継続拡大と新らしい戦争に放火するための工作を推進している。

そして朝鮮にあっての新らしい軍事冒険実現に絶対必要な条件となっている再生日本軍隊の朝鮮出動と在日朝鮮壮丁の強制徴用をする政治的交渉のために日本へきたものに違いない。それは米帝の日本出先機関であるクラーク大将またはマーフィ大使の指導のもとに政治的、軍事的目的達成に支障となっている日・韓間の対立矛盾関係を調整し、いわゆる反共戦線統一を達成し、米帝の朝鮮侵略野望達成に助力せんとするものである。（中略）

われらの祖国にあっては、英雄的朝鮮人民と中国人民とそれからソ同盟を先頭とする偉大な全平和愛好人民は米帝の野獣的侵略意図を徹底的に粉砕した。われらは確信をもってわれらの敵と対処し、日本国民ともっと固く結団し、朝・日民族の敵、米・日反動どもを粉砕打倒に前進することを要望しこれを声明する。

一月七日

在日朝鮮統一民主戦線
中央委員会

上のように民戦は李承晩が「米帝の日本出先機関」とともに「政治的、軍事的目的達成に支障となっている日・韓間の対立矛盾関係を調整」して、「再生日本軍隊の朝鮮出動と在日朝鮮壮丁の強制徴用をする政治的交渉」をしていると非難した。つまり、民戦は、韓国に対する日本からの支援に、在日コリアンも巻き込まれていると批判したのである。これに加えて、日米韓関係が円満になると、日本と北朝鮮を含む共産国家との関係が悪化するので李承晩の来日に反対するという立場であった。このような活動を踏まえて、民戦中央書記局では、同年二月二六日の指令第七五号によって、以下のような内容を掲げて闘争した[76]。

一月以来強力に展開して来た、日朝親善平和月間闘争の成果と教訓を生かし、蓄積された闘争力を来る三・一記念日に結集して、これを足場に全国から抗議団を選出し、波状攻撃に訴えて地方権力機関を麻痺させ、挙揚された組織力を三・一六に結集して敵の中央権力に一大打撃を与え、これを更に四・二四―五・一闘争に発展させるために、日本の平和愛好人民勢力と固く団結して、米帝とその手先吉田政権打倒のための、一大闘争を展開せねばならぬと指示し、具体的闘争目標として、

一、日本国民の朝鮮出兵を阻止する。
二、強制送還に反対し国籍を死守する。
三、生活と民族・教育・文化等の凡有民族権利を擁護する。
四、日本軍国主義復活に反対する。
　東京、大阪、福岡の三ヶ所に設置される『在日韓国僑胞戸籍所』は強制徴兵徴用と強制追放を結びつけるための陰謀の具であるからこれに反対する闘争を組織する。
五、大村収容所に収容された同胞の解放と北鮮軍捕虜五名の釈放を要求する。

当時の民戦は、日韓会談によって軍事協定が結ばれれば、在日コリアンを合法的に韓国軍に強制入隊させることができるようになると認識していた。したがって、当時の大村収容所にいる在日コリアンの釈放も訴え日韓会談の反対闘争を行っていた。

第二次日韓会談が再開された一九五三年四月一五日には民戦は「約二〇〇名が外務省に押しかけ、折から開かれていた日韓会談に反対して両国代表に面会を要求」し、外務省の正門の前には「北鮮旗を揚げ在日朝鮮統一民主戦線中央委員会の名で同会談粉砕のビラをまき、また北鮮の歌など合唱、気勢をあ

げ」、正午頃に解散した[77]。

その前々日の四月一三日に民戦中央本部は「李政権は米国のカイライ（傀儡―筆者）政権で現実に朝鮮人三千万を代表する資格がない。従って日本と朝鮮の間の基本条約、在日朝鮮人の国籍と待遇のような問題が李政権と日本政府の間で論議されるのは意味がない。われわれは在日六十万朝鮮人唯一の代表機関である民戦の名で、会談再開を即時中止するよう要請する」と述べた[78]。これに加えて、同年四月一八日には、「全ての朝鮮人と日本国民が反対する韓・日会談を即時中止することと朝鮮との国家的交渉は朝鮮の正当な政府である朝鮮民主主義人民共和国政府と行い、在日朝鮮人問題に関しては民戦と交渉せよ」と主張した[79]。つまり、民戦は韓国政府が日韓会談を通じて在日コリアンの処遇に関与すること自体が妥当ではないと主張して、日韓会談に反対していたのである。

第四項　「李ライン」に対する民戦の対応

一方、「李ライン」に対して、民戦はどのような立場を表明してきたのか。一九五三年一〇月に出された『公安調査月報』には、以下のような記述がある。

解放新聞は五四七号の社説「李承晩ライン問題は戦争再発のための兇策だ」で李承晩徒党は朝鮮侵略の海賊警戒線を停戦後も引続き主張して日本海業、独占資本との間に新しい紛争を起こしているがこれは明らかに

一、朝鮮戦争の再発陰謀

二、失墜した、自己の威信を回復し緊張状況を持続せんとするもの[80]

前述の通り、当時民団は「李ライン」に賛同していたが、民戦はこれに強い反感を表明した。その要因は、同年一〇月七日の民戦中央本部で発表された「李承晩ラインの真相を知ろう」で確認できる。

この問題（「李ライン」―筆者）はダレス（John Foster Dulles、当時の米国務長官―筆者）・李承晩・吉田によって仕組まれた芝居で、東独における流血事件のアジア版である。吉田は、この事件を利用して再軍備熱を煽り、米帝のＭＳＡ（Mutual Security Act、相互安全保障法―筆者）押売りを容易ならしめ、日朝両人民の離間策を企らんでいる。又李承晩は朝鮮人民の激しい反米感情を反日感情にすりかえ、朝鮮人民の愛国的闘争によってくずれだした、自己の支配体制の危機から民衆の眼を外部にそらせようとしている。所謂李ラインそのものについては、われわれは李政権そのものが三千万朝鮮人の敵であるが故に、売国奴達によって勝手につくられたものを容認するはずがない。

われわれは日本との間の漁場や、通商、航海、貿易等の問題で協定がなされねばならぬことを主張するものであるが、しかしそれは韓日会談復活の如きものではなく、あくまでも売国奴李承晩徒党を打倒した後の、朝鮮民主主義人民共和国と日本政府の間で結ばれねばならない。[81]

ここで、確認できるのは、当時の民戦としては、朝鮮半島と日本との問題を扱う主導権を李承晩政権が握ることに強く反感を持っていたということである。また、日韓間で、「李ライン」が注目されることは、「漁場」問題を日韓会談で取り扱うことにつながり、日本と北朝鮮の海域問題に影響を与えることになると認識していた。したがって、同日に民戦は、以下のようなスローガンを表明した。

(イ)海に演習場と防潜網をとりのけ漁場を日本国民に返せ!
(ロ)日・米・加の不平等漁業条約を破棄し、すべての国と互恵平等の漁業条約を結べ!
(ハ)太平洋軍事同盟の地ならし、韓米条約、日韓会談を粉砕せよ!
(ニ)朝鮮から外国軍隊は撤退し、朝鮮の平和的統一独立は朝鮮人民にまかせよ!
(ホ)戦争再開のためのアメリカの軍事ライン、李承晩ラインを撤回せよ!
(ヘ)インド及びアジア諸国を参加させ、話合いで解決できる円卓方式で政治会議をすぐ開け!
(ト)朝日両民族は闘わない、再軍備を促進する両民族の離間策を粉砕せよ!
(チ)朝日両民族の敵李承晩徒党を打倒せよ!
(リ)反米、反吉田、反再軍備、統一政府の樹立![82]

上のような民戦のスローガンは、当時の「李ライン」を踏まえ、米韓関係、日韓会談を批判しながら、アメリカが朝鮮半島に関与することに対して批判するものであった。そして、北朝鮮が主導する統一を求めながら、日朝関係が進展することを改めて主張した。

一方、「李ライン」に関しては、日韓会談をめぐる問題にとどまらず、当時の在日コリアンの処遇にも影響を与えた。一九五四年一月に作成された民戦の一二月の活動に触れた文書では、「李ライン問題をめぐる日本内における反鮮気運の高まり」から、「在日朝鮮人の生活防衛、民族教育その他直面する多くの重要な問題に対処するために、年末から新年にかけて諸闘争を大きくもりあげ、反米、反李、反吉田、反再軍備統一戦線の強化と闘争の発展に、全力を集中」する動きがあると書かれていた[83]。これは、当時の民戦が「李ライン」によって、日本社会の在日コリアンに対する印象が悪化していると思っていたことを表している。つまり、多数の在日コリアンは、「李ライン」が日本社会に在日コリアンへの不満を呼び起こしており、自分たちの生活に悪影響を与えていると認識していたのである。

小結

アメリカが主導した日韓会談において、在日コリアンの処遇問題も浮上した。この時期に、韓国政府が日韓会談を通じて、在日コリアンをどのように包摂し、排除してきたかについては、以下のように確認できる。

第一は、李承晩政権が在外国民登録をした在日コリアンを中心に法的地位を改善しようとしたことである。李承晩政権は、一人でも多くの在日コリアンを韓国民として登録させたいがために、韓国籍取得者だけに日本での永住権を与えるよう日本側に要請し、そのことによって登録率を伸ばそうと考えていたのである。当時、韓国政府は在日コリアンを韓国国民として登録できるようにはしたが、登録率は全在日コリアン人口の四分の一以下にとどまっていた。韓国政府としては、韓国国民として登録されるメリットを在日コリアンが感じていないと認識していたので、日韓会談を通じて登録者の法的地位を改善しようとしてきた。しかし、韓国政府には在日コリアンを保護するという視点は欠落しており、彼らを「国民」として大韓民国に統合することが最優先課題であった。したがって、韓国政府の登録政策の性格を分析すると、単純な制度上の包摂であったということができる。

第二は、韓国政府は在日コリアンの強制を含む送還権限を求めていたことである。しかし、在日コリアンの送還権限については日本側は自分たちの特権であるとして拒否した。当時の韓国政府は送還権限さえあれば、在日コリアンを強力に統制できると期待していたと思われる。

一方、日韓会談をめぐる各在日コリアン団体の対応は、まず、民戦で活動していた者たちは、日韓会談がもたらすであろう軍事同盟が、北朝鮮に悪影響を与え朝鮮半島の分断体制を決定的なものにすると考えて、猛烈に日韓会談に反対してきた。それとは逆に、民団は日韓会談が在日コリアンの処遇に好影響をもたらすと期待していた。実際に、日韓会談では、韓国籍を取得さえすれば、日本での永住権を得ることができることについて協議され、それが実現をみることになったので、韓国政府を非常に信用するようになった。しかし、その他の重要な在日コリアンの法的地位の獲得に対しては、民団は直接関与することができなかった。民団は在日コリアンの処遇問題に関与するための発言権を韓国政府に要請したが、これを李承晩政権は認めなかったのである。そのため、在日コリアンの実状について多くの情報を持っている民団でさえ日韓会談の場で在日コリアンの立場を代弁することができなかった。結局、分断体制が要因になって、韓国政府は民団の意見に耳を傾けることなく、日韓会談において在日コリアンの問題を取り扱っていたのである。

第四章　日南北関係における韓国政府と在日コリアン

――一九五四年～一九五八年を中心に

第一節　日朝関係をめぐる韓国政府の在日コリアン政策

第一項　李承晩の不安定な対日外交と在日コリアンの韓国訪問禁止

一九五四年一二月、日本では吉田茂に代わって鳩山一郎《はとやまいちろう》が首相になったが、韓国政府は第三次日韓会談における久保田発言によって日本側に複雑な感情を持ち続けていた。他方、北朝鮮は一九五五年二月二五日に「南日《ナムイル》声明」を出した[1]。この声明は、「主体思想」に基づきソ連への過度な依存を避け日本との関係を発展させる意思を表したものだった。南日外相は「日本政府と貿易、文化関係及び日朝関係樹立発展に関する諸問題を具体的に討議する用意がある」と述べ、北朝鮮と日本との関係改善を推進する意思を示した[2]。

日韓会談に関与した金東祚《キムドンジョ》の回顧によれば、「南日声明」の後、鳩山は共産主義国家を含めて「すべての国家・民族とできる限り友好関係を増進したい」と述べた。そして五五年の春には「韓（朝鮮）半島には二つの国家がある」と語り北朝鮮の存在にも触れ、ソ連と中国を相手に、国交正常化及び通商関係の樹立に向けて交渉しようとしていたと振り返っている。実際、日本と北朝鮮とは民間レベルで交流があった。こうした状況に対して、韓国側の葛弘基《カルホンギ》公報室長は日本側に対して、北朝鮮も韓国の領土なので「日本が北韓（北朝鮮—筆者）の領土を侵略することは容認できない」と批判した。一方、鳩山は七月六日の記者会見で「対北朝鮮貿易が韓国を刺激するのではないか」という質問に対して、確かに「韓国と北朝鮮は仲がよくないらしい」と答えている。これに対して韓国側は、鳩山が北朝鮮を国家として認めたような反応をしたと受け止め、同年八月一七日に李承晩は、対日関係に関して「在日韓国人の母国訪問禁止」と「対日交易及び旅行禁止」を命じた[3]。こうして、韓国側は対日外交を中断することになる。

しかし、これらの禁止措置の発令後も、民団関係者にはオブザーバーとして国会に参加することを許していた[4]。そして一九五一年から一九五七年まで、韓国の支援によって韓国政府を支持する在日コリアンの中学生から大学生まで八〇名を対象に、民族教育の一環として本国訪問を実施した[5]。それでは、李承晩は在日コリアンの「入国禁止」をどのような理由で命じたのか。おそらく、北朝鮮を支持していた在日コリアンの入国を警戒したことと、在日コリアンを朝鮮半島へ送還したかった日本側に対して、在日コリアンを受け入れない意思を示すことで、日本側に在日コリアン問題への関心に向けて圧力をかけることが目的であったのだろう。第三章でも説明したが、一九五三年一月に李承晩が日韓会談に関連する問題で来日した時、これに反対する民戦の活発な活動があった。おそらく、李承晩はこうした活動を目撃し、反民団系の在日コリアンをいっそう警戒するようになり、在日コリアン全般に対する「入国禁止」を発令するとともに、韓国政府自身が在日コリアンを峻別して、韓国政府にとって有益な在日コリアンに限って入国させるつもりであったと思われる。

第二項　「李ライン」をめぐる人質外交

「李ライン」による日本人漁民の拿捕問題に関連して、韓国政府は在日コリアンをどのように取り扱ったのかを確認したい。したがって、まず「李ライン」侵犯の嫌疑で拿捕されていた日本人漁民問題の背景を確認したうえで、これが韓国政府の在日コリアン政策にどのように反映されていたかを考察する。

一九五三年二月二一日、韓国の済州島周辺に近づいた日本の漁船「大那丸」の乗組員らが射殺される事件が起きた。これに対して、日本政府は激しく抗議した。韓国側は日本の漁船が「李ライン」に不法に「侵入（韓国政府の立場としての表現―筆者）」したために発砲したと主張した[6]。三月には韓国の警備艇が日本の漁船五一一隻を海域侵犯とみなし、そのうち九一隻を拿捕した[7]。

一方、韓国側は日本人漁民拿捕問題と関連づけて、大村収容所にいる在日コリアンの問題を取り上げるようになった。この年に韓国政府は大村収容所にいる在日コリアンの釈放を要求していたが、日本政府は、釈放した在日コリアンを韓国政府が受け入れるのであれば釈放するという立場であった。この日本側の態度を受けて、韓国政府は七月以降、すでに刑期が終わっていた日本人漁民を日本に送還せず、抑留し続けた[8]。一二月二七日、当時の駐日韓国代表部参事官であった柳泰夏は日本の法務省出入国管理局長の内田藤雄《うちだふじお》に会って、日韓会談の再開について協議し、翌一九五四年一月四日から双方の抑留者（大村収容所にいる在日コリアンおよび韓国からの密航者と、釜山収容所にいる日本人漁民―筆者）の釈放について話し合った。双方は「人員数と氏名等」の照会が完了すれば、抑留者相互の釈放に合意することになっていた[9]。

その後、一九五五年八月三日、日本の重光葵《しげみつまもる》外務大臣は訪米中にワシントンのナショナル・プレスクラブ（National Press Club）で演説した。その演説で重光は、韓国との関係を改善するために「久保田発言」を撤回する考えと日韓の問題を早期に解決する意思を示した[10]。おそらくこの発言は、釜山に抑留されている日本人漁民問題を解決するためのものであった。

同年一一月一六日に行われた駐日韓国代表部公使の金溶植と法務大臣・花村四郎《はなむらしろう》との会談では、抑留者釈放で双方合意に至った。その内容は、第一に、大村収容所に抑留されている収容者で戦前から日本に居住している在日コリアン四〇〇名を釈放する、第二に、釜山収容所の刑期が終わった約二〇〇名の日本人漁民を釈放する、第三に、約一五〇〇～一六〇〇名の日本に不法入国した韓国人（密航者）を韓国側が受け入れる、というものであった。しかし、花村が記者会見でその合意内容を否認したため、上記の合意は破棄されることになる。この抑留者をめぐっての日本と韓国との関係悪化を解決するため、駐日アメリカ大使のアリソン（John Moore Allison）は、「李ライン」による日本人漁民の拿捕中止、抑留者の相互釈放などを韓国に要求した[11]。当時、アメリカは「李ライン」と両国の抑留者問題によって日韓関係が悪化していると判断し、両国の間を仲裁しようとしていた。

金東祚の回顧によると、一九五六年初頭、韓国側は日本側に「我が政府の大村収容所訪問要請さえ拒絶したまま不当な虐待と拷問行為」を大村収容所に収容されている人々に対して行っていると批判した[12]。金東祚が述べている日本の行為が事実かどうかは不明だが、韓国側は大村収容所にいる在日コリアンや密入国者に接触しようとしたが、当時の韓国政府と日本政府との不安定な外交関係のために困難であったことは確かなようだ。しかし、その後、「政治的な配慮」により韓国側の柳泰夏参事官と中川融《なかがわとおる》アジア局長との会談で「抑留者（在日コリアン・日本人漁民—筆者）」の釈放問題を取り扱うことになり、三月中旬に日本と韓国を訪問していたダレス米国務長官も関与して相互釈放の合意に至ったという[13]。

第二節　日南北の関係をめぐる各在日コリアン団体の動向

第一項　民戦の反米・反李承晩活動

先にも説明したが、当時の民戦の政治的な方針は、日朝関係の改善であり、アメリカ政府、吉田政権、李承晩政権に反対する活動であった。しかし、一九五四年二月中旬に開かれた「民戦中央G会議」では、「在日朝鮮人の敵は米、日反動であり、李承晩は連結性《ママ》はあるが、直接権力機関はもつていない（李承晩政権はアメリカと日本との外交的な関係を持っているが、実質的な軍事力がないということ—筆者）」ので、李承晩を除き「反米、反吉田、反再軍備の三反運動」を行うようになった[14]。当時の民戦は、韓国がアメリカと日本に従う傀儡国家であると認識していた。同年四月の『公安調査月報』の「民戦中央の動向」では、同年三月の民戦が李承晩政権を除く「三反運動（反米、反吉田、反再軍備）」を行う理由を以下のように述べている。かなり長くなるが引用しておく。

㈠第一項は、情勢の分析で、『ソ同盟を中心とした人民民主主義国家は平和擁護政策に献身しており、一方米帝を先頭とする帝国主義諸国家は、朝鮮侵略戦争の失敗により経済恐慌が深刻となつたため、ますます日本に対し再軍備と軍国主義復活を強要している情勢にあるから、世界の平和擁護勢力はより一層固く団結して、生活の安全、平和と民主主義を守り、世界人民の平和擁護運動との緊密な連帯性により、祖国の平和的統一独立のため、日本で米帝と吉田に反対し、再軍備に反対する闘争を強化しなければならない任務を負うている』と述べて、反米、反吉田、反再軍備の三反闘争の必要性を説いている。

(二)第二項は、東北地協議長徐万奎らの「朝鮮革命が先か、日本革命が後か、つまり反米、反吉田、反再軍備闘争か、祖国の統一独立か、いずれが優先するのか」との質問に対し、『朝鮮人民の最大の敵が米帝で、その手先が李承晩であるが、在日同胞と日本国民の共同の敵が米帝と吉田反動政府である以上、在日六十万同胞のすべての闘争が、米帝と吉田との対決なくして自己の任務を遂行することはできない。米帝と吉田を弱化させる闘争は、米帝と李承晩を孤立させる闘争と緊密に結び付けられている。それ故、反米、反吉田、反再軍備闘争は、権力に対決する闘争で朝鮮人民、日本人民の敵である米帝をまず弱化させ、孤立化させなければならない。』（ママ）と説明し、反李闘争は反米闘争と結び付けられているから在日朝鮮人は、三反闘争を強化することによって、日本革命が成功すると同時に朝鮮の統一独立が達成されると説いている。

(三)第三項は、民戦四全大会で決定した四反闘争を、三反闘争に切り替えた理由の回答で『現在、日本人民の前には、李承晩は直接打倒を要する権力の目標とはなっていない。それ故、日本人民に李承晩を加えた四反闘争を要求することは、権力問題を正しく見ないばかりでなく、反米、反吉田、反再軍備統一戦線を正しく発展させることはできない。』（ママ）

と述べ、日本人民との共同の敵の打倒のためには、三反闘争でなければならないという説明がなされている。[15]

当時の民戦は、在日コリアンに日本人と連帯して「反米」を第一とする三反闘争を展開することを提起していたのである。

一方、上でも確認した通り、民戦は「反李闘争は反米闘争と結び付けられている」と説明し、アメリカと李承晩政権は敵として結びついていると捉え、北朝鮮を志向する活動を行っていた。そして「日本では、李承晩勢力が直接権力をにぎっていない」と主張したが[16]、それはおそらく民団や駐日韓国代表部には在日コリアンを統制する能力がないということを強調したものであり、民戦が在日コリアンを代弁するという意味でもあった。

第二項　総連結成と初期帰国事業運動

一九五五年五月二四日、韓徳銖《ハンドクス》を中心とする民戦は浅草公会堂で「民戦を解散し、新たな在日朝鮮人総連合会を組織する」ことを提議した。「新しい戦術方針を推進するのに必要な組織形態」のために李《リ》浩然《ホヨン》によって民戦の解散が公式に宣言された後、翌日に「在日朝鮮人総連合会(以下、総連)」が結成された[17]。

その後、総連は創立大会で「帰国対策委員会」を設置し、同年六月から「帰国希望者の実態調査」の開始を決めた。そして、解放一〇周年を記念して北朝鮮からの要請に応じて祖国訪問団派遣運動を展開する一方、北朝鮮への帰国運動を開始した[18]。総連が在日コリアンの北朝鮮帰国運動を行う趣旨は、同年六月一日に開かれた第二回歓談会で「北鮮の経済復旧発展と朝、日国交正常化に、直接関与することを目的」とすると説明していた[19]。総連は在日コリアンの北朝鮮への帰国が、両国の関係改善に発展すると期待したのである。

しかし、外村大は当時の在日コリアン社会の貧困状況を考えると帰国運動が展開された背景には上のような外交上の要因だけではなく、「日本社会では生きる展望を見出し得ないなかで、自分たちが本来いるべき場所は祖国朝鮮であり、その建設に寄与したいという思いを強めていたこと」があると説明している[20]。これに加えて、朴正鎮が聞いた東京大学工学部出身の在日コリアン二世の証言によれば「日本が独立する前までは、外国人としての身分がまだはっきりしないために」ある程度研究費ももらったし、「本を借りたり一緒に勉強することができ」たが、「日本が独立してから、今ははっきり外国人として私は本も借りられない、一緒に勉強することもできない」状態になったと説明した。そして「理工系の大学を出るとすぐ失業状態に入ってしま」う状況であったという[21]。このように、当時の在日コリアンの帰国運動の背景には在日コリアンの生計問題や生活設計の問題もあった。

一方、在日コリアンの一部が北朝鮮への帰国を求めている動きについては、日本政府にも届いていた。一九五五年六月一八日の日本の「法務委員会」で神近市子《かみちかいちこ》議員は、在日コリアンらが「韓国に帰る希望者はないかもしれません。しかし北鮮に故郷を持っている人たちの中で帰りたいという要望は、この三、四年強く出てきておる」と発言している[22]。

総連の李季白《リゲベク》事務局長は、一九五五年一〇月の総連第二次中央委員会で「活動の総括と当面の任務」

について、「諸般問題、すなわち帰国問題、貿易問題、祖国との往来に対する問題、生活、教育、人権問題などを中心に権力当局との協議活動を積極的に展開しながら、国交正常化への方向に発展させなければならない」と述べている。総連結成直後の在日コリアンの帰国問題は、集団帰国運動ではなく「少数の政治亡命者および生活貧困者」中心の帰国運動であったという特徴が挙げられる。総連は同年九月二八日、日本政府及び日本赤十字社（以下、日赤）との初の公式接触で、在日コリアンの帰国問題に関する協力を要請している。そこで、総連側は「自分の家族が共和国にいる人々、または大村収容所に不法に収容されている同胞たち」を近いうちに共和国へ帰国させることを要求した。その後、総連が日本政府に在日コリアンの帰国を公式に要求した一ヵ月後の一九五五年一〇月九日、北朝鮮当局は『朝鮮中央放送』を通じて、金日成首相による「帰国希望者の受け入れ」指示事項を伝達した。また、同年一二月には北朝鮮外務省の領事部長である許明学《ホミョンハク》が総連中央に手紙を送り、「一部在日朝鮮同胞の帰国問題」に対して「総連がこの事業を統一的に執行すること」を指示すると同時に、総連に帰国事業の権限を委任した。さらに、一九五六年六月、北朝鮮の内閣が「帰国する同胞たちのための共和国内閣命令制五三条」を発表し、帰国者に対する待遇を初めて具体化した。これを歓迎した総連は『解放新聞』を通じて帰国を希望する在日コリアンに「祖国が明るい展望と自信感をもたらしてくれた」と発表した[23]。

一方、総連は北朝鮮から支援金を受け取ることになったが、日本と北朝鮮との間では送金ができないなかで、どのような経路で支援金を受け取っていたのだろうか。佐藤《さとう》勝巳《かつみ》によれば、北朝鮮との関係改善のために北朝鮮を訪問していた古谷《ふるや》貞夫《さだお》を通じて、総連に渡したという。ちなみに、古谷が金日成と接見した最後の日は一九五五年一〇月二一日であった。総連側の資料を確認した松浦正伸によれば、北朝鮮側は、三回に渡って、三億二千万円（二〇一五年の基準では一七億七千万円に相当する）の教育援助金と新聞、雑誌、書籍、映画などを総連に送った。このような支援に基づいて、一九五六年四月、東京での「朝鮮大学校」設立を含め、各地域に在日コリアンの民族学校が設立された[24]。

さらに、一九五五年一二月一六日に衆議院外務委員会で、重光葵が「在日朝鮮公民を共和国に帰国させる用意がある旨を表明した」ので、これに基づいて総連は日朝の友好関係活動を行った[25]。一九五六年二月一四日には、日本の国会に総連中央の李起洙《リキス》（外務部長）、金正煥《キムジョンファン》（社会部長）、李珍珪《リジンギュ》（教育部長）と日赤本社の高木武三郎《たかきぶさぶろう》（社会部長）が出席して、北朝鮮への帰国に関して発言した[26]。ここでは李起洙の意見を紹介しておく。

帰国希望者のうち、特に大村収容所に長期にわたって収容されておる帰国希望者（中略）、祖国へ進学を希望する学生、青年等の帰国問題は、最も緊急かつすみやかな解決が要望される（中略）最近厚生省の発表によりますと、十三万近くの人が生活保護を受けておる、こういうような事実がいわれておるのであります。これにつきましては、われわれ将来においては朝鮮民主主義人民共和国に、生活困窮者に対しましてはできるだけ帰して、日本においては生活の安着《（ママ）》できる者のみおられるような状態になるのじゃないか、ということになると思うのであります。というのは、共和国の方でも、南日声明が十二月二十九日に発表されましたように、生活の困窮者に対しましては、いつでも引き取るだけの用意がある。（中略）

それから、焦点の、在日本朝鮮人総連合会は北の方か南の方かという問題でありますが、大体存日本朝鮮人六十万の中に、外国人登録法に基いて登録が施行された内容について見ますと、韓国の登録をされておる者が一五％となっておるのであります。それからあとの方は全部朝鮮民主主義人民共和国、八五％が公民とされておるのであります。われわれといたしましては、李承晩政権は、李ラインとか、いろいろの形から見まして、朝鮮の国内的な問題から見ましても、これは非常に行き過ぎた政権であり、われわれ三千万の人民に対しては幸福を営む政策ではないということから、朝鮮民主主義人民兵和国のみが必ず将来において統一政権ができるのだという確信のもとに、現在におけるところの八五％が朝鮮民主主義人民共和国の支持者であるということになるのであります。[27]

これは、日本政府に対して、韓国ではなく、北朝鮮が唯一の朝鮮民族の国家であるという総連からのアピールでもある。特に、在日コリアンの中では韓国籍を持っている者より、朝鮮籍を持っている者が多いから、在日コリアンの多くが北朝鮮を支持していると述べた。さらに、大村収容所にいる者と貧困者が北朝鮮への帰国を希望しているとした。また、総連は北朝鮮が主導する統一国家が成立するという確信を持っていた。これに関して、山本利壽《やまもととしなが》議員は「あなたの方では八五％は北朝鮮政府を支持するものと考えると言っておられますけれども、あるいはまた南の今の団体で聞くと、その逆になるかもわかりませんから」と反論したが、それに対して李起洙は以下のように答えた。

大村収容所の内容から見ましても、一六〇〇人くらいあそこに入っておるのでありますが、一二〇

○人ほどが全部南から密入国した人なんであります。それだけに、南は生活が非常に困っておる。こういうような事実からいたしまして、現在の李承晩政権から見ますれば、こちらから南の方に帰りたいという意思を持っている人は一人もおらないのであります。その点ははっきりしておるのでありまます。現在われわれがあちらに帰国を希望するのは、要するに朝鮮民主主義人民共和国に帰りたいという希望者のみを一応扱っておるのであります。[28]

上の発言によると、大村収容所にいる密航者を始め、総連は密航者を通じて、当時の韓国の体制を確認していたことがわかる。韓国からの密航者の存在は在日コリアン社会が南北の体制を判断するうえで一定の影響を与えていたのである。そのことが北朝鮮への帰国を希望する者がより多くなっていたことにつながっていたと思われる。

第三項　日韓会談・抑留者問題をめぐる民団の動向

一九五四年三月、民団は外国人「登録令違反」をしている在日コリアンの釈放を『民主新聞』を通じて要求した。民団の論旨としては、日韓会談が行われても法的問題がいまだ「不分明」なので「拘束すること自体が不法である」との主張である[29]。報道によると民団は、大村収容所にいる在日コリアンの釈放問題は日韓会談で解決するしかないという見解を持っていた[30]。つまり、民団は日韓関係の進展を通じて在日コリアン問題を改善することを求めていたといえる。

日韓会談の決裂などがあり、日韓関係の改善が進んでいないと感じていた民団は、一九五五年二月五日の民団第二一回中央議事会で「われわれは、韓・日両国家間に平等互恵の友好関係が樹立されるよう、その促進を期さねばならない。そのためには、鳩山首相の李大統領と会談する用意があるとの言及を歓迎し、その実行を日本政府に要求する」との立場を表明した[31]。

しかし、前述の通り、当時の日本側が北朝鮮を含む共産主義国家と接触するようになってから、日本と韓国との関係が不安定になってきた。韓国政府が在日コリアンの入国禁止を命じたことに対して民団がどう反応したかは、「八・一五記念行事」で表明した以下の内容から確認できる。

韓国政府が八月十七日に発表した「当分日本在住韓国人の故国訪問、および韓国民が商用または私的目的のため、日本に旅行することを禁ずる」旨の声明は、一般在留朝鮮人に対してはもちろん、とくに民団に大きな影響を与えた。

すなわち、当面の問題として、去る七月の民団第二十三回中央議事会において、中央財政の打解策として組織内に参与の制度を設け、参与には月額三万円以上を拠出させ、その代償としてこれに祖国との自由往復の旅券を交付することを決定していたが、その後全国から五十五人がこれに選任されて、献納金三〇〇万円が中央に納付されており、今回の本国の強硬政策発表により、その一部の者からは、若し渡航の自由が得られない場合は、参与を返上するから代金を返済せよと、迫っているといわれる。一方中央では、上納金の一部一〇〇万円は、すでに消費しているといわれ、幹部はその説得と収拾に、苦慮しているようである。

なお、この韓国政府の対日強硬政策に対して、民団中総《(ママ)》団長・丁賛鎮《チョンチャンジン》は、二十二日KP通信記者の問いに対して「日本の対共接近から打ち出された、この政策を、民団はもちろん支持する。日本政府に対しては共産主義の脅威を認識し、韓国に対する不当な主張を撤回、韓日会談再開に努力することを希望し、また一方、本国政府にも、韓日国交正常化への努力を期待する」と述べている。〔32〕

当時の民団は、韓国に「自由往来」ができるように韓国政府と協議中であったが、日朝関係の変化による日韓関係の悪化によって、韓国政府は「日本在住韓国人の故国訪問禁止」を発表したので日韓関係の改善を強く求めていた。以後、悪化した日韓関係を改善するために、民団は日本政府に、「対共接触を夢想している容共的な日本政府当局が覚醒」することを求めると主張し、次のような声明を発表した〔33〕。

(1)我々は日本と韓国北部に割拠している共産傀儡集団とのいかなる接触にも反対する。
我々が日本の対共接近に反対するのは日本国民に不幸が招来することを心配するのである。
(2)我々は日本政府が韓国にある財産請求権の主張を放棄することを要求する。
(3)我々は日本政府が久保田発言を撤回することを要求する。
(4)我々は日本当局が韓・日間の密輸を事実上助長していることに対して抗議する。
そして、この密輸は共産集団による対韓破壊工作資金「ルート」となっている例が多い。

(中略)
(5)我々は日本の公共言論機関が韓・日間の諸問題に対して、偏向とならない報道を要望する。
(6)最後に、我々は在日韓国人の権益に対して日本政府が正当な法的行政的保護を付与することを要求する。

民団は日本側に、北朝鮮ではなく韓国との関係を密接にすることを要求した。そして、「久保田発言を撤回」することを要求したが、これは、日韓会談の再開を求める意味合いで要求したものと思われる。そして、一九五六年六月二五日に向けて、「六・二五動乱記念行事及び韓日会談促進民衆大会の準備を進めて」、「韓日会談を促進して韓日関係の好転を図るのがそのねらいである（中略）このためには在日僑胞の一致した積極行動が必要であり、われわれとしては韓日関係好転の糸口を見つけようと望んでいる」という意見も表明した[34]。つまり、民団の立場は、日韓会談が進むことを求めるというものであった。

それでは、抑留者の処遇について、民団はどのように認識していたのだろうか。それについては、次のような金溶植駐日韓国代表部公使の発言が参考になる。彼は一九五五年五月一五日、民団に「日本の政府当局と協議をした結果、大村収容所にいる送還該当者は本国で引き取り、永住権を持っている者に対しては、従来より我々が主張している通り強制送還はされずに大部分が釈放されることになったので、これからはこのような問題は再び」起こらないと伝えている[35]。この発言の意図は、韓国側が日韓会談を通じて在日コリアン問題を真剣に取り扱っていると民団に認識させることであった。特に、「永住権」問題と、強制送還問題、大村収容所問題という在日コリアンを取り巻く問題に、韓国政府が関心を持っていることを金溶植は民団に向けて強調したのである。

一方、民団は密入国者についてはどのような認識を持っていたのか。一九五五年六月一〇日、民団系の新聞である『新世界新聞』では、次のような立場を表明した。

民団は密入国者及び犯罪者の保護機関ではないのである。したがって、密入国者は大韓民国の諸法規に違反する重大な犯人であり、これを保護することは大韓民国の政策に背反する非常な罪悪でなくてなんであろう？　民団が保護することができないこのような行為をなした者らは、それに対する責任を取るべきであり、民族の良心をもって、そのことを自覚、反省するべきである。[36]

民団は、密航者の事情を問うことなく、彼らを「大韓民国の諸法規に違反する重大な犯人」と認識していた。当時の民団は密航者個々の事情より国家の指針を重要視するようになっていたのである。

第四項　民団と韓国政府との摩擦

民団は韓国政府を支持していたが、両者の関係には摩擦も存在した。一九五四年六月の民団全体大会では李承晩の声明文に対する批判的な言及がなされた。李承晩の声明文は直接確認できなかったが「公安調査月報」の記事から確認すると、李承晩が「在日六十万人同胞を全部親日派呼ばわりした」と民団の大会で紹介され、これに対して民団が抗議文を出すことを決定したという内容である[37]。明確につ出された声明文なのかは確認できないが、これが事実だとすると、李承晩は民団に対する感情が良くなかったようである。おそらく、李承晩としては、とうてい容認できない久保田発言がきっかけで日本と韓国の関係が植民地支配認識をめぐって悪化しているというのに、あろうことか民団が日韓関係の改善を促していることで、在日コリアンに対する悪感情が浮上したのであろうと思われる。

また、同年九月二九日の韓国国会に民団代表の金載華がオブザーバーとして参加し、在日コリアンに関する報告を行ったが、そこでは教育支援、在日コリアンの中小企業支援に関する問題などに加えて、在日コリアンの失業問題が述べられた。民団は以前にも韓国国会で韓国政府に対して在日コリアンの中小企業を支援することを要求したが、その要求が実現しないので不満を持つようになっていた[38]。また、一九五五年一二月九日の国会には在日コリアンの代表として金得溶《キムドクヨン》が参加し、前回の金載華による支援要求を踏まえ、次のように発言した[39]。

> 二次に及んだ日韓会談でいまだ結末を見ることができず、在日韓国人の処遇問題は日毎に悪化しているうえに、近頃において平和線問題をめぐる韓日感情の悪化によって日本政府は我が韓国僑胞に対して露骨な圧迫を加えており、中小企業に対しては信用貸付が一切禁止されている状況です。
>
> （中略）
>
> 本国は六・二五動乱によって残酷な戦災を被ったが、今となっては、鉄のようなカーテンで隠された北韓傀儡と対峙して鬱憤と苦衷を感じている（北朝鮮との対立によって、非常に厳しい状況だと感じている―筆者）だろうが、在日僑胞は直接的な戦災を被っていないといえども、共産主義者とのカーテンがない無防備な状態にあり、そこからの脅威を受けながら、彼らに対して、絶え間のない血闘を続けている状況です。左翼系に属している僑胞らは北韓傀儡集団の隠密な支援下でその活動を続けており、また日本政府の無定見な政策と結託して、その活動は経済界にも浸透している。
>
> 教育界だけ見ても、左翼学校があり、東京都から八〇〇〇万円という莫大な経費補助を受けてお

り、その他の大阪、京都などの地域にも何ヵ所かありますが、我が韓国側としては東京に私立として中学を兼ねた学院が一つある以外に、今は京都に中学校が一つ、そして大阪に小学校がありますが、これらの施設も非常に維持しにくい状況であります。

当時の総連は北朝鮮から支援を受け、在日コリアンの民族教育を行うために各地に開設した学校の運営ができるようになっている。しかし、民団は韓国政府からの支援が少ないので学校の維持さえ難しい。民団が総連と対抗できるためには、韓国政府の支援が必要であると主張しているのである。

一九五七年一二月一三日には、民団の朴玄《パクヒョン》がオブザーバーとして国会に参加し、在日コリアン社会で総連と対立していること、民団が今でも韓国民登録の管理をしていることを説明した。そして、在日コリアンが日本で安心して生活するためには、日韓の国交正常化が急務であることを強調した[40]。民団としては、日韓会談を通じて両国が国交を結ぶことができれば、在日コリアンの生活に良い影響を与えると考えていたので、あらためて日韓関係の改善を主張したのである。

第三節　最初の在日コリアンの北朝鮮帰国への韓国政府の対応

第一項　旅行証明書問題におけるＩＣＲＣと韓国政府との摩擦

一九五四年一月から、日赤が赤十字国際委員会（以下、ＩＣＲＣ）を経由して北朝鮮と朝鮮赤十字会（以下、朝赤）に接触し、帰国を求めている在日コリアンと北朝鮮にいる日本人（以下、在朝日本人）の問題を取り扱う動きがあった[41]。一九五五年、日赤と朝赤は双方の帰国希望者（在日コリアンと在朝日本人—筆者）に支援を行うことに合意した。その結果、ＩＣＲＣの協力で、一九五六年四月には北朝鮮から三六名の日本人が帰国し[42]、帰国希望の在日コリアンも北朝鮮へ送還された。

　当時の日赤外事部長であった井上益太郎《いのうえますたろう》は、在日コリアンらの北朝鮮への帰国に関して「厄介な朝鮮人を日本から一掃することに利益をもつ」と断定している。なぜならば「日本の人口過剰の点からみて利益があるかどうかは暫く別として、将来長い目で見た場合、日本と朝鮮との間に起こるべき紛争の種子を予め除去したことになり、日本としては理想的なのである」[43]とあからさまに述べている。そして、井上が注目したのは五・一％に達していた在日コリアンの「完全失業率」であった。この割合は日本人のそれに比べると約八倍にも上るものであり[44]、日本社会でも大きな問題になっていた。では、このような状勢に対して、李承晩政権はどのような対応を行っていたのだろうか。

　まず、一九五五年五月から八月にかけて、在日コリアンの帰国希望者の件で日赤の使節団が北朝鮮を訪問したが[45]、このことについて韓国政府公報室長だった葛弘基は、一九五五年五月二八日に「北韓傀儡集団は侵略的な日本と結託し」韓国を包囲していると述べ、それを可能にしているアメリカ政府の対日政策も批判した[46]。さらに一九五六年二月九日に、金溶植は日本政府が在日コリアンを北朝鮮へ送還したことについて日本の外相に抗議を行った[47]。三月に作成された日本側の文書によると、金溶植は日本側に対して大村収容所にいる北朝鮮帰国希望者について、「北鮮帰国の四十七名（当時、韓国側が確認した人数だと思う—筆者）の韓国人の問題がある。これは是非出国を拒否して貫いたい。（中略）北鮮行が実現することは韓国として承知出来ない」と主張した[48]。

テッサ・モーリス＝スズキの研究によると、ＩＣＲＣのミッチェル（William Mitchell）外一名は同年五月の訪韓時に、韓国政府に在日コリアンの北朝鮮への帰国問題を言及したが、それに対して韓国側は「北朝鮮は存在しない。自分たちこそ韓半島における唯一の合法政府である。朝鮮人はすべて自国公民であり、自国のなかの一時的に『敵の占領』下にある地域に自国公民を帰国させることなど、問題外としかいいようがない」と述べた[49]。

一方、同年七月六日にＩＣＲＣ社長ボアシェ（Leopold Bossier）が李承晩に電文を送り「最近、赤十字国際委員会は日本と朝鮮半島[50]に住んでいる韓国人[51]らの中に、帰郷するコリアの土地を選択したいとの意向を示した人々によって、この問題を取り扱うようになった」と伝え、協力を李承晩に依頼した[52]。これはＩＣＲＣが在日コリアンが北朝鮮への帰国を選択できるように韓国側に協力を求めるものであった。

そして、八月一日、朝赤の李柄南《リビョンナム》委員長は在日コリアンの帰国問題に対してＩＣＲＣが「助けを表明したことに謝意を示す」と肯定的な反応を表した。そしてついに八月二九日には四八名の在日コリアンの北朝鮮帰国希望者にＩＣＲＣの旅行ビザが発給された。これに対して韓国政府の外務部は一九五六年八月三〇日に声明を発表し「在日朝鮮人は韓国民であり、四八名の追放はつまり六〇万在日朝鮮人を追放する先例になる」と激しい調子で批判した。また、同日に駐日韓国代表部の金溶植公使は日本側の中川融アジア局長との会談で、「この問題が韓日会談のアジェンダである以上、ＩＣＲＣが介入する余地は存在しない」とし、「純粋に両主権国家間の外交的な問題」であると批判した[53]。

金溶植の批判を踏まえて同年九月四日、大韓赤十字社（以下、韓赤）の孫昌煥《ソンチャンファン》社長は、ＩＣＲＣが発給した旅券に対して、次のように反論した。

大韓赤十字社は次のような理由によって、ＩＣＲＣを含む、日本赤十字社及び北韓赤十字会との四者会談に関するＩＣＲＣの提案を拒否する。

(1)大韓民国はＵＮ（国連―筆者）によって承認された、唯一の合法的な政府である。
(2)大韓民国政府は在日韓人に対する権限があるので、彼らを保護する権利と義務がある。
(3)一九四五年八月一五日、日本政府は彼らの願いによって、在日韓人らが引き続き日本国内に在留することを許可すると約束したのである。
(4)日本は、（抑留者の）相互釈放交渉の機会を利用し、在日韓人の北送を画策しており、ＩＣＲＣはこれを幇助している。
(5)適切な補償金が支払われない限り、在日韓人の引き受けを拒否する韓国政府の確固たる態度を認識した日本政府は、北韓傀儡（北朝鮮―筆者）によい顔をして、彼らを追い出そうと計画している。
(6)在日韓人は、無国籍者ではないのであり、それゆえ彼らは、大韓民国政府から正当に発行された旅行証明書がなければ、如何なる場所にも移動することができないのである。
(7)この問題については、事前に大韓民国赤十字及び関係当局と協議しておらず、赤十字の精神に違反する。
(8)在日韓人の北韓送還は人道主義の原則に反する行為である。[54]

以上のように孫昌煥はＩＣＲＣと日本側を強く批判した。孫昌煥が強調したのは、韓国政府には在日コリアンを統制する権利があり、在日コリアンの北朝鮮への送還も、韓国側が発行する旅行証明書がなければできないということである。加えて、在日コリアンの北朝鮮への帰国は、在日コリアンの意思というより日本政府の意思によるものであると強調した。そして、日本に在留している在日コリアンを北朝鮮に帰国させることは、ＩＣＲＣの人道主義精神に反することであると批判した。以上のような批判に続けて、ＩＣＲＣと北朝鮮との関係について、以下のように強調した[55]。

在日韓人の送還については、まず次のような諸点を考慮する必要があるだろう。

⑴韓国動乱（朝鮮戦争―筆者）中、二〇〇万の韓国人が共産分子らによって、拉致された。共産分子は休戦協定締結時、拉致人士らを帰すとはっきり約束したにも拘わらず、現在までに送還されているのは、宗教界及び外国人などを含むごく少数に過ぎない。

⑵ＩＣＲＣは北韓傀儡にこの拉致人士らを送還するよう説得することに失敗した。

⑶越南（北朝鮮から韓国に来ること―筆者）した多くの人々の中には、一人も北韓に戻りたがる者はいなかった。

⑷人道主義に立脚して、休戦協定を遵守する立場として、ＩＣＲＣは北韓傀儡がすべての拉致人士らを南韓に送還させるように働きかけなければならない。

⑸ＩＣＲＣは、北韓傀儡の誘いに乗ってしまっている。

ここで韓赤側の主張が事実であるかどうかは明らかになっていないが、韓赤は朝鮮戦争後に北朝鮮に拉致された韓国人の取り扱いに触れて、北朝鮮の韓国人送還に関する問題点を説明し、ＩＣＲＣは在日コリアンよりも北朝鮮にいる韓国人を先に釈放させるべきであると強調した。つまり、韓赤としては、在日コリアンの送還問題より、北朝鮮にいる韓国国民の釈放問題を優先しなければならないと力説した。もちろん、韓赤の孫昌煥の発言が韓国政府の立場を代弁しているとは断定できないが、その発言には当時の韓国側の認識が反映されていたと考えてもよいと思われる。

第二項　韓国政府の在日コリアン北朝鮮帰国阻止に向けた対応

一九五六年一二月一五日に行われた中川融アジア局長と金溶植との会談では、朝鮮半島への帰国をめぐる国籍問題に関して、以下のようなやり取りがあった[56]。

金　在日朝鮮人が韓国籍を取ることは当然であり（省略）韓国籍でなければ日本政府も引取を韓国に要求出来ぬはずではないか？

（中略）

中川　（省略）在日六十万の朝鮮人が皆韓国籍を取得したと改めて規定すると過半を占める北鮮系の人達は猛烈に反対するであろう。従って在日朝鮮人が韓国人となつた《ママ》ことを当然の前提として特に規定しないでもよいのではないかというのが私の考え方である。在日朝鮮人が全部韓国籍を取得したといつて《ママ》も本人が自分は韓国人になるのは嫌だといって旅券も証明書（駐日韓国代表部が在日コリアンに与えた韓国籍である証明書―筆者）ももらわぬ者を無理に韓国人とする措置は取り得ない。韓国側が在日朝鮮人全部を掌握してない所に無理が出てくる。
金　それでは強制退去に当っては北鮮系の者は韓国に返さず北鮮に返すのか？
中川　韓国に返すのが原則だが本人がどうしても韓国へ帰るのは嫌だ、（省略）一般在留民に対し韓国人としての措置を行うことは大変な反対を受ける。日本側としても無理なことはできない。これは主として韓国側の問題である。
金　国籍処遇の問題は(1)強制退去の問題と(2)自由出国者の処遇の問題とがある。前回の日韓会談の時のお話では自由退去者に対し持ち帰り財産に非常な制限があった。これは困る。今度はわれわれの方でも出来るだけ多勢の者を韓国へ帰そうと思っている。それには出来るだけ財産を持ち帰らせて貰いたい。

日本政府は韓国籍を選択しない在日コリアンまで韓国に「強制退去」させることには問題があり、韓国に帰りたくないと思う者がいることについては韓国政府に責任があると指摘した。また在日コリアンの中に北朝鮮への帰国を求めるものがいることについても同じくその責任は日本側ではなく韓国側にあると主張している。そして、金溶植は、在日コリアンの北朝鮮への帰国を阻止し、韓国に帰国させるための提案として、在日コリアンの「財産を持ち帰らせて貰いたい」と強調した。一方、同年一二月一二日にＩＣＲＣ側は日本、朝赤、韓赤に書簡を送り、在日コリアンの送還問題について次のような内容を伝えた。

このために（在日コリアン帰国問題の解決のため―筆者）、現在、緊急の懸案になっている業務を実質的に勧めるためには、関連当局、または委任された機構の間で必要な調整を促進させる必要がある。赤十字国際委員会は仲裁役を果たす準備ができている。赤十字国際委員会は、大韓民国、日本、朝鮮民主主義人民共和国にある各国の赤十字機構に対して各国政府が必要な措置をとるように要請する。[57]

これを踏まえて、同日にボアシェが韓国側に送った電文では、在日コリアンの北朝鮮への帰国事業を推進するために、ICRC・日赤・朝赤・韓赤の「四者会談」を同年八月一五日に開くように提案したが、韓国側はその提案を拒否した[58]。

以後、ICRCは一九五七年二月、釜山収容所にいる日本人漁民の問題に関連して、政治的な問題で犠牲者が出ないよう韓国政府に両国の抑留者問題の解決を促した[59]。しかし、孫昌煥・韓赤社長は「在日韓国人と両国（日本と韓国―筆者）の間の抑留者問題に関連して、我々は日韓両国で公式の懸案になっている事案に対して、如何なる措置も取ることができない」と伝えた[60]。

一方、韓国側のICRCに対する抗議にも拘らず、一九五六年一二月六日に門司発のノルウェー船ハイリー号で、四八名の帰国希望者中二〇名が極秘裡に上海経由で北朝鮮への帰国に成功した。以後、残りの二八名も日本の警戒下、一九五七年三月三一日に博多出港の日本漁船で北朝鮮に向かった。韓国外務部はただちに抗議声明を発表し、金溶植駐日韓国代表部公使に対してノルウェー大使に抗議する全権を与えた。こうした動きに関して朴正鎮は、「事実上、韓国政府の強硬姿勢はＩＣＲＣの旅行ビザ発給によって実効性を失っていた」と指摘している[61]。このような状勢のもと、韓国政府はこれ以上の在日コリアンの北朝鮮帰国を防ぐために、ＩＣＲＣと接触して在日コリアンに旅券を与えないように圧力を加えた。

当時ＩＣＲＣと接触したのは、金勲《キムフン》と崔圭夏《チェギュハ》であった。一九五七年一一月二日に金勲によって作成された文書とその付属資料によれば、韓国側はＩＣＲＣが「韓国の主権を無視」し「韓国の政治問題に根本的な影響を与え、韓国の主権を傷つける事態を引き起こした」と主張した。この主張は、四八名の在日コリアンに旅行証明書を与える権限は韓国政府にあるのに、これをＩＣＲＣが独断で発給したことに対する反発である。したがって、韓国政府はＩＣＲＣに対して「甚だもって遺憾」だと表明し、まだ北朝鮮に帰国していない二八名の在日コリアンの送還を止めようとした。韓国側の表明に対してＩＣＲＣは四八名の「旅行証明書」を取り消すのは無理であるが、在日コリアンに再度旅行証明書を発給する場合は韓国政府に通報すると返答した[62]。そのことによって韓国側は、ＩＣＲＣとの交渉に進展がなかったなかでも、在日コリアンの帰国に関する情報だけは入手できるようになった。

第四節　第四次日韓予備会談における李承晩政権の在日コリアン政策

第一項　非公式日韓会談での韓国政府の人質外交

前述の通り、一九五六年にアメリカの仲介によって日韓会談が非公式に開かれた。この会談での議題は、外交問題、久保田発言問題、「李ライン」問題、抑留者問題などであった。それでは、韓国側はこの場で在日コリアン問題をどのように取り扱ったのだろうか。

同年三月三〇日、金溶植は重光葵外務大臣と会談を行った。重光はまず両方の「抑留者」の送還を迅速に解決することを求めた[63]。四月二日、その求めに対して李承晩は「一九四五年以後、日本へ行った韓国人が違反（密航—筆者）したのであれば、韓国へ送れば受け入れる、また（中略）犯罪の嫌疑で日本にいる韓人の何人かも我々が受け入れるので、我々に渡し、しかし罪がないまま日本に閉じ込められた人たち（植民地解放前から日本にいる者—筆者）に対しては日本政府から補償するべきである」と伝えるように金溶植に命じた[64]。つまり、韓国側は密航者を韓国へ送還することには協力するが、在日コリアンの韓国への送還については、韓国政府が指定する者に限定しようとしたのである。そして、韓国側は在日コリアンは日本の強制動員によって日本に送られたのだと論じた。従って、日本側に対して在日コリアンに「補償」を与えることを要求した。これに加えて、同月四日、李承晩は金溶植に次のように伝えた[65]。

韓国人抑留者の釈放問題に関して、日本側は韓国人抑留者問題が解決されなければならない点については同意したと思われる。（中略）韓日両国の関係において否定的な要因となり、また非常に悪影響を与える残留韓国人を受け入れる用意がある。

前述の通り、李承晩は大村収容所の送還対象となっている在日コリアンを一九五二年以降受け入れなかった。しかし、ここでは、日韓関係の改善のためには、受け入れる用意があると金溶植に伝えた。翌日、李承晩は韓国側が在日コリアンを受け入れる場合、どのように行うかについて以下のような指令を金容植に送った[66]。

日本側は在日韓国人の中で、誰を残留させ、誰を送還するかについて決定する権限を自分たちが持ちたがっている。我々は、我当局（韓国政府―筆者）が誰を韓国から追放するかの権限を持っているように、在日韓国人の追放に関しても、我々に権限が持てるように主張し続けなければならない。もし、犯罪容疑が推定される者や、問題の素地がある者らを無理に送還すれば、これは我々の利益に大きな影響を与えることになる。

これまでの日韓会談でも、在日コリアンを韓国に送還する権限を韓国側は求めていたが、李承晩は金溶植を通じて改めてそのことを日本側に伝えた。そして、送還対象として韓国に悪影響を与えない者を韓国側が選別した後、送還しようと考えたのである。

一方、金溶植は四月二日の重光葵との会談で、在日コリアンの抑留者と日本人漁民との交換について合意を急いだ。しかし、金溶植の「現在、大村収容所にいる韓国人抑留者を日本側が釈放するとして、韓国側は、その韓国人らが韓国籍であるかどうかを確認できるか？」という質問に対しては、重光葵は公式に日韓会談での協議を通じてでなければ返答ができないと答えた[67]。

同月二二日には日本側と韓国側は双方の「抑留者に関する『データ』を交換すると合意」した[68]。この件に関する議論は二五日に引き続き行われたが、「日本に抑留されている韓国人（大村収容所にいる在日コリアン―筆者）」に関して韓国側会談代表の柳泰夏は、日本の外務省と韓国の司法省との意見が一致していないので、韓国側はこのままでは日韓会談を再開しないと発表した[69]。

李承晩が五月一日に作成して金溶植に送った「大統領が金溶植公使に送る書簡」には、李承晩は「日本政府が我国民を釈放しないならば、我々は日本人漁民が刑を終わっても、彼らを拘禁する」と述べた[70]。この発言は、李承晩が日本人漁民を利用して、大村収容所にいる在日コリアンを釈放しようとする目的からのものであるが、同時に韓国側が日本側との外交上の主導権を取ろうとしていたことも示している。

第二項　非公式日韓会談での韓国政府の大村収容所在日コリアンの処遇

先に述べた通り、大村収容所にいる在日コリアンに対する韓国政府の基本的な立場は、日本政府がアジア太平洋戦争に朝鮮人を動員した責任として、収容所の在日コリアンを釈放し、日本の国民と同等の地位を求めるというものであった。そして、在日コリアンが抱えている国際法に基づく国籍問題が解決できなければ、韓国への送還は不可能であるというのが李承晩政権の立場であった。一方、日本政府としては、大村収容所にいる在日コリアンを韓国に送還したがっていたので、韓国政府の協力を必要としていた。ところで、第四次日韓会談予備会談に際して、李承晩が一九五六年一〇月一一日に金溶植に送った文書には、李承晩の在日コリアンの送還に対する率直な認識が現れている[71]。

在日韓国人の送還問題に関連して、日本は在日韓国人が九〇万人であるというが、貴方（金溶植―筆者）は二百万人だという。彼ら（在日コリアン―筆者）が補償をもらえるように、日本側を説得する必要がある。我々は彼らの数をはっきりと確認して、日本側に一人につき五〇〇ドルを支払うように要求することだ。日本側がこの金額を払うなら、この問題を再び取り上げることはしない。その場合は、韓国政府は忠実な全在日韓国人を韓国に戻さなければならなくなる。在日韓国人に日本政府から一人につき五〇〇ドルもらえることを知らせ、補償金を受け取ったにも拘わらず帰還を拒絶する者たちは韓国籍がなくなり、再び韓国の土を踏めないだろう。

ここに書かれているように、李承晩は在日コリアンを韓国へ送還する条件として日本政府に「補償」金を要求しようとしていた。しかし、補償を受け取った場合には韓国に帰国しないと「韓国籍がなくなり、再び韓国の土を踏めない」と書いている。この対象には、自らを韓国国民と認識している民団員や現時点で韓国籍の在日コリアンさえも含まれる。この李承晩の考え方は、日本に生活基盤があり帰国が不可能な立場にある者を無視したものであった。

一九五六年一二月に石橋湛山《いしばしたんざん》内閣が成立し、岸信介《きしのぶすけ》が外相となった。岸は一九五七年二月四日の衆議院本会議における外交演説において、「アジア地域の中でも最も近い隣邦である韓国との国交が、いまだ正常化していないことは遺憾でありますが、特に八百名に上る同胞が引き続き韓国に抑留されている事態は、人道上の問題として、他の諸懸案と切り離して、早急に解決されるべきであると考え、昨年来これが釈放に努力しております。政府としては、この問題が解決すれば、引き続き他の諸懸案の討議に入る用意がある」と述べ、日本人漁民の釈放及び日韓会談の再開に向けて意欲を示していた。そして、翌年の二月二五日に岸信介内閣が成立すると、日韓予備会談は妥結の方向に動きだした[72]。

第三項　在日コリアンと日本人漁民の相互釈放

日韓予備会談は、一九五七年二月下旬から中川融と金溶植によって進められた。その結果、日韓双方は覚書の文案について、次のような構想を持って議論したという[73]。

(1)韓国政府は刑期を了して釜山外国人収容所に収容中の日本人漁夫を日本に送還し、朝鮮人密入国者の送還を受入れる。
(2)日本政府は終戦前から日本に居住している朝鮮人で強制退去処分に付せられ入国者収容所に収容中の者を釈放する。
(3)日韓全面会談が近く再開され、右会談では退去強制者引取りの基準を含め、在日朝鮮人の処遇の問題がすみやかに協議決定されることが期待されるので、その期待の下にそれ迄の間日本政府は朝鮮人刑罰法令違反者を強制退去のために収容することを自制する。

⑷いわゆる「久保田声明」は日本政府の正式見解を反映するものではなく、その意味で日本政府は右発言を撤回する。また、財産請求権問題については、日本政府は今後米国政府の解釈を基礎として韓国政府と交渉する用意がある。

⑸右に伴い、約一ヶ月後に日韓の全面会談を再開する。

この内容に基づいて、一九五七年三月一八日、日本政府と韓国政府が作成した「抑留者」に関する「草案」は、大村収容所にいる在日コリアン（植民地解放以前から残留していた者）の釈放を実行し、韓国の釜山収容所にいる日本人漁民を日本へ送還するという内容であった[74]。そして一二月三一日に、駐日大使・金裕澤《キムユテク》と日本の外務大臣・藤山愛一郎との会談後に発表された共同声明書は次の通りである[75]。

共同声明書

一九五七年一二月三一日付駐日大韓民国代表部首席「金裕澤」大使と日本国外務大臣「藤山愛一郎」との間で開催した会談において日本政府は第二次世界大戦終結以前から日本に居住してきた韓国人として、日本外国人収容所に抑留されている者を釈放するものであり、また大韓民国政府は韓国内外国人収容所に抑留されている漁夫を送還して、また、第二次世界大戦終結後の韓国人不法入国者の送還を受け入れることで合意した。同時に日本政府は一九五三年一〇月一五日日本首席代表「久保田貫一郎」が行った発言を撤回することを大韓民国政府に通告した。その結果、大韓民国と日本の全面的な会談を一九五八年三月一日東京で再開することに合意した。

一九五七年一二月三一日

署名　大韓民国代表部主席
　　　大使　金裕澤
署名　日本国外務大臣
　　　藤山愛一郎

この合意によって、大村収容所にいる在日コリアン密航者が釈放されることになった。当時、岸信介の対韓関係改善への努力に対して、ダウリング（Walter Cecil Dowling）駐韓米大使が、岸にアメリカ側の感謝の意を伝え「抑留漁夫（日本人漁民—筆者）」が日本に戻ってきたら、次の選挙に大きな影響を与えるだろうと評価した。これについて、朴鎮希《パクジニ》は「日本漁民抑留問題は国内政治の最大イシューなので、選挙に好材料になることが明確であった。日本政府は抑留者問題に関心を集中した」と論じている[76]。それゆえ、日本側の政治的な目的と引き換えに在日コリアンの処遇問題が取り扱われるようになったのである。

その後、一九五八年一月七日、韓国側は柳泰夏、崔圭夏、陳弼植《ジンピルシク》外三名、日本側は外務部アジア局長の板垣修《いたがきおさむ》外七名で会談が行われた。この会談では柳泰夏が大村収容所にいる在日コリアン釈放に向けて、日本と韓国との間で名簿を交換することを要求した[77]。

一九五八年一月一四日の報道によれば「外務部高位当局者は一三日、韓・日両国間に抑留者相互釈放及び送還は互いの抑留者名簿を交換した後に二月一五日（未確定）までに実施される」予定であった[78]。その背景には、大村収容所の在日コリアンの中には南を支持する者と北を支持する者との摩擦がある状況だったので[79]、韓国政府の名簿確認においては南を支持する者だけを識別して釈放させたいとの思惑があった。そして、一月一九日から二月一〇日まで、五回にわたって大村収容所にいる在日コリアン四七三名が釈放された[80]。韓国からの密航者は二月二一日に二四九名、三月五日に二五二名が韓国へ送還された[81]。一方、一月三一日には日本から船舶「平澤号」が釜山港に来て、韓国に抑留されている日本人漁民九二二名のうち三〇〇名が日本に戻り[82]、二月二七日にさらに二〇〇名が日本へ送還された[83]。

しかしながら、二月二八日の外交文書によれば、四二二名の日本人漁民は刑期がまだ終わっていないため、釈放日が明確に決まっていなかった。これについて、日本政府は合意した内容に違反していると批判した。一九五七年一二月三一日の日韓合意書では、刑期が終わった漁民だけを送還することで決着していたからである[84]。このとき李承晩政権が誠実に日韓関係の改善を求めようとしていたならば、刑期が終わっていない日本人漁民を送還することも難しくはなかっただろう。この未解決の日本人漁民の送還問題によって、三月一日に行われる予定であった第四次日韓会談は延期されることになった。

その後、一九五八年三月二〇日、駐日韓国代表部公使の柳泰夏と板垣修アジア局長との会談で四月一日に第四次日韓会談を再開するという提案がなされ、日本側は四二二名の抑留日本人漁民に関して、四月一〇日と四月末に釈放することを韓国側が発表するよう要求した。しかし、柳泰夏は会談再開につい

釜山収容所からの日本人漁民の釈放

（出典：韓国公報部広報局写真担当官『일본인죄수석방』［日本人罪囚釈放］韓国国家記録院，管理番号：CET0037376, 1958年）

日本に抑留された韓国人が釈放後，釜山に到着

（出典：韓国公報部広報局写真担当官『석방된한국교포부산항도착』［釈放された韓国僑胞釜山港到着］韓国国家記録院，管理番号：CET0069390, 1958年）

ては同意したが、日本人漁民問題は「四月末に解決ができるように努力」するとだけ返答した。三月二七日、岸信介は柳泰夏を通じて、李承晩の八三回目の誕生日にメッセージを寄せた。それをきっかけにして、以後、李承晩は岸信介に対する信頼を持つようになり、李承晩政権は四月初旬に会談を再開する意思を日本側に伝えた。そして、刑期が終わっていない日本人漁民らの釈放問題について、柳泰夏は四月一〇日に三〇〇名を、四月末には残りの一二二名を送還すると発表した。こうして、四月一五日にようやく第四次日韓会談が再開され、二三日に大村収容所にいた二五一名の密航者を乗せた船が釜山に到着し、その船で日本人漁民三〇〇名が日本へ送還されたのである[85]。

小結

この時期には、日韓関係における重要な問題として双方の抑留者問題があり、この問題の停滞と並行して日本と北朝鮮との関係が近づくことになった。韓国政府は、日朝関係改善の動きに対抗して、公式に在日コリアンの韓国入国を禁止した。また李承晩が、この時期に在日コリアンに対する警戒心強めたことも在日コリアンの入国禁止の発令につながった。そもそも、当時の韓国は自由入国が制限されていた体制であったが、韓国政府としては日本側との交渉上の主導権を得るため、在日コリアンの入国禁止をあらためて強調したのである。

一方、北朝鮮を支持した民戦が発展的に解消され、一九五五年五月に総連が結成されてから日朝関係の改善も進み、民間レベルの往来も増えることになる。このような民間往来によって、総連は北朝鮮の援助を受けるようことができるようになった。そのため総連は、以前にも増して北朝鮮を支持するようになっていく。これに加えて、北朝鮮への帰国を求めている在日コリアンを対象として、帰国事業を展開（日本政府の協力を要求）するようになった。日赤も北朝鮮に残留している日本人を帰国させるために動き出した。そのために日赤はＩＣＲＣを通じて、朝赤と接触した後、特例的に在日コリアン（四八名）の北朝鮮帰国と在朝日本人（三六名）の帰国を実現させることができた。これに対して韓国政府は在日コリアンの北朝鮮帰国を止めるために、ＩＣＲＣ・日本政府・日赤に中止要請を行っただけで、当時の韓国政府は在日コリアンが北朝鮮への帰国を希望する要因を確認しようとはしなかった。

在日コリアンの北朝鮮への帰国に対して李承晩政権は、ＩＣＲＣ・日本政府・日赤を批判し日韓関係も悪化したが、同時に、韓国政府と民団との関係も悪化した。当時、民団の政治的な立場としては反北であることに変わりはなかったが、日韓関係の改善を求めていたので、韓国政府の対応に不満を持つようになった。

このように韓国政府と民団は日韓関係をめぐる立場の違いから、両者の間に軋轢が生まれた。当時、韓国政府は久保田発言もあり日本との関係が険悪であったが、民団は日韓関係の改善を促した。日韓会談を通じて韓国籍の在日コリアンの処遇が改善されることを期待していた民団の立場としては、日韓関係の進展を求めていたからである。

在日コリアンの帰国問題だけではなく、抑留者問題もこの時期の日韓関係において重要であった。日本側と韓国側は、双方の抑留者問題を解決することを求めていたが、関係改善が進まずに停滞していた。

しかし、アメリカの主導によって、抑留者をめぐって日韓会談の再開へ向けて動き出すようになる。

その後、一九五六年の日韓会談予備会談では、抑留者問題とともに在日コリアンの処遇に対する問題も浮上した。その過程で韓国政府は、在日コリアンに対する日本政府からの「補償」を条件に、彼らの韓国送還を受け入れると主張した。それまでの李承晩政権は、在日コリアンの受け入れを拒否していたが、在日コリアンの北朝鮮への帰国をこれ以上増やさないため、韓国への送還を受け入れるように態度を変化させたものと思われる。

また、両国は大村収容所にいる在日コリアンの密航者と、「李ライン」によって韓国に拿捕された日本人漁民を相互に釈放することについて協議を行った。日本社会では日本人漁民の抑留問題が大きな政治的問題となっていた。そのため日本側からの要請によって日韓会談が再開され、その結果、双方の抑留者が釈放されることになった。しかし、大村収容所の在日コリアンの釈放基準がどのようなものであったのかは明らかになっていない。おそらく、韓国側を支持する在日コリアンを中心に釈放したのではないかと思われる。

第五章　帰国事業実施過程における韓国政府の対応
——一九五八年～一九六〇年を中心に

第一節　韓国政府の帰国事業への対応策

第一項　第四次日韓会談における韓国政府の在日コリアンの処遇に関して

第四次日韓会談が再開されると、さっそく在日コリアンの処遇問題が議題にのぼった。一九五八年六月四日の「法的地位委員会第三次会議」で、法務省出入国管理局長の勝野《かつの》康助《やすすけ》は「我々が言及している韓国人は、第二次世界大戦以前から日本に居住している人々に限る」と再確認し、韓国側の柳泰夏も「原則的には異論がない」と答えた[1]。

六月一二日の会議で日本側は「在日韓国人はサンフランシスコ平和条約（講和条約—筆者）の発効によって日本国籍から離脱した」と言及したが、韓国側は「貴方（勝野—筆者）はサンフランシスコ条約が発効してから、在日韓国人が日本の国籍を損失したと言及したが、この問題に対する我々の考え方は、貴方の側とたいへんに異なる」と反論した[2]。前述したが、韓国政府としては植民地解放以前に韓国という国家は存在していたとする立場であり、在日コリアンは当然にそれ以前から韓国籍であったと主張した。

七月一日の会議では、在日コリアンの韓国送還の基準について、日本側の勝野康助・平賀《ひらが》健太《けんた》と韓国側の柳泰夏との議論は以下のように交された[3]。

勝野：一般的に言うと、我々には日本国内の資格、退去、入国などを管理する出入国管理令[4]がある。日本に居住する全外国人はこの法律条項の対象になる。

（中略）

柳：もし、日本側が在日韓国人の退去に関して、日本の出入国管理令執行に固執するならば、私は両国政府間が行う会談で論ずる理由がないと思う。

勝野：日本側はこの問題に関しては日本の出入国管理令を執行しなければならない。しかし、在日韓国人問題に関しては、いくぶん幅を持たせて、出入国管理令を運用し適用する余地があると思う。

平賀：我々には、日本に居住する外国人の退去を管轄する出入国管理令がある。（中略）在日韓国人の退去に関するいかなる問題に対しても、日本の出入国管理令を根拠として取り扱わなければならない。

（中略）

勝野：日本政府は、出入国管理令と様々な関連規定の条項に即して、外国人を管轄する裁判権がある。違う側面（植民地支配によって日本に留まることになった在日コリアンのこと―筆者）として、在日韓国人らが特別な状況であることを考慮しなければならない。一方、この状況で日本は日本の主権に基づいて、日本の法を執行する立場であり、違う側面として、在日韓国人の特別地位に対しては考慮する。このような脈略において、我々が抱えている困難については、いくつかの行政的な手段を通じて処理できると思う。したがって、日本側は日本国内の関連法に基づいて在日韓国人らの要求に対処するが、それへの善処を求めるならば韓国側の提案が必要だ。その提案に関する協議については、現在の会談、またはその他の場で喜んで受ける。[5]

日本側は在日コリアンの処遇に関しては「日本国内の資格、退去、入国などを管理」する「出入国管理令」で対処すると主張した。しかし、韓国側は在日コリアンが持っている特殊的な事例を考慮せず、日本の出入国管理令で対処するのは問題であると指摘した。しかし、日本側としては在日コリアンが外国人であるので、日本の出入国管理令に基づかなければならないと強調した。ただし、在日コリアンの特殊な立場を考慮して、彼らに対する実際の対応については、韓国側の意見を受け入れる用意があると提案した。そこで、在日コリアンの法的地位に対して、どのような法的基準で対応するかを中心に、両国の代表は議論を行った。

一方、同年一〇月七日の会談では、大村収容所にいる八五〇名の密航者についての言及がなされ[6]、一五日の協議で日本側が密航者の処遇に韓国政府はどう対応するかと質すと、韓国側は「適切な時期に本委員会で協議しなければならない」と主張した[7]。この主張は、北朝鮮への帰国事業が行われるのに先んじて、韓国側が在日コリアンの送還に関する問題を優先的に取り扱うようになったことを示している。

一九五八年六月一一日、日韓会談の真っ最中に韓国側代表に「大統領閣下の諭旨」が届いた[8]。その内容は以下の通りである。

在日韓人の追放問題に関連して、もし日本政府が正当な範囲内で補償を支払う用意があるならば、韓人全部を本国に受け入れることができる。この場合は、そのような補償を我政府が一旦もらうのではなく、直接に彼ら（在日コリアン――筆者）に払ってほしい[9]。

前述の通り、一九五七年の時点で李承晩は、日本政府に在日コリアンに補償金を払うよう要求する考えを持っていた。したがって、この「大統領閣下の論旨」は韓国政府が日本政府に対してその支払い条件について言及したものである。この李承晩の指示が反映されたのか、一〇月一〇日、韓国政府が作成した「在日韓人の法的地位及び待遇に関する我側《ママ》協定案」には、以下のように示されている[10]。

(1)協定が発効した後に韓国に帰還する在日韓国人の場合、彼らが保持し搬出できる流動財産に対しては、いかなる関税義務や責任を加えない。流動財産の種類と規模に関しては、別途に交渉する。
(2)前項で規定された帰還者が、適切な手続きを通じて、保有財産を韓国に送金することに関しては、別途に協議する。

この案は、韓国側が在日コリアンを韓国に送還する場合、彼らの財産を韓国でも所有できるように要求しようとしていたことを示している。特に流動財産に対しては「いかなる関税義務や責任を加えない」

とした。こうした帰国条件は、在日コリアンを北朝鮮に帰還させないために、韓国側が考え出した案であり、あらためて在日コリアンを受け入れる意思を表明したともいえる。以後、一一月二四日の会談でも、崔圭夏は在日コリアンの財産問題について、韓国に帰国する場合、在日コリアンが持っている財産所有を継続させる必要があると言及した。韓国側は、在日コリアンが韓国に帰還した場合、彼らの送金の額に制限を設けないようにし、財産を所有したまま帰還を許容するように要求したのである。もし、制限した場合には、それは在日コリアンの財産権を侵害することになると主張した[11]。その後、年末年始が重なったため、日韓会談は一二月二〇日から一九五九年一月二五日まで、休会となった[12]。

第二項　帰国事業実施前の韓国政府の対応

一九五八年六月二六日、大村収容所にいる在日コリアンのうち九四名が北朝鮮への帰国を希望して、無期限ハンストに突入した。以後、ハンストに参加した九四名の中から、自殺者及び生命の危うい者が続出すると、法務省は七月七日に病弱者二六名を仮釈放すると口頭で約束した[13]。これに対して、韓国政府は一九五七年一二月三一日の「日韓合意書」に違反するとして、抗議文を発表した[14]。そして、八月二〇日に開催予定の漁業及び「李ライン」委員会への参加を全面拒否した[15]。

一方、北朝鮮の南日外相は七月八日に、大村収容所の事態は日本政府に責任があると批判し、金日成首相は七月一四日、ソ連大使館参事官ペリシェンコ（V. I. Pelishenko）に対して、今後すべての在日コリアンを帰国させるとの方針を告げた。九月八日の北朝鮮の創建一〇周年記念慶祝大会で、金日成は「在日朝鮮人の帰国願望を熱烈に歓迎する」と公言し、一六日には南日外相が帰国するすべての在日朝鮮人の

「生活の安着（ママ）と子女の教育を全面的に保証する」との公式声明を発表した[16]。これで、北朝鮮への帰国事業の動きが本格化した。一九五九年一月、日本政府は帰国事業を推進するため、帰国事業に関する具体的な調査（帰国希望者の人数確認など）は日赤を通じて実施することとし[17]、二九日には藤山外相が北朝鮮への帰国を希望する在日コリアンに帰国を許可すると宣言した[18]。

一方、韓国側の金東祚は、総連が中心になって在日コリアンたちから一九五八年一二月末までに一一万七千名の帰国実現を求める署名を集めており、一九五九年内には三〇万名が帰国を希望しているという噂があることを認識していた[19]。翌一九五九年一月に作成された文章では総連が『大村』収容所内の抑留者僑胞らまで煽動」してハンストさせたとし、「北韓（北朝鮮—筆者）から送金されたお金を、貧困な僑胞らに分配しながら、在日僑胞の歓心を買って、街頭で北韓帰国希望者の署名を受ける」という内容が記されていた。加えて、韓国政府が認識している総連の目的を次のように説明している。「①最終的には韓国全領域の共産化、少なくとも現在において南韓（韓国—筆者）と同様の国際的な地位で併存すること、これが長期的な目標であり、短期的には、②韓日会談の妨害及び挫折、③北韓の軍事力及び労働力の補充及び、④在日僑胞の共産化などを目的」としている[20]。つまり、北朝鮮から受け取った資金によって、総連が在日コリアンを煽動しているというのである。

韓国政府にとっては、北朝鮮の支援は煽動として認識されていたのである。そして、帰国事業の目的は、労働力を確保するためであると認識していた。実際、当時の北朝鮮は朝鮮戦争によって、多くの若者を始めとする人々を失ったため、労働力を必要としており[21]、一九五八年初頭に金日成が中国側に在中コリアンの労働者支援を要求していた事例から判断すると、在日コリアンの労働力が必要であったことは間違いないだろう[22]。

また、当時の在日コリアン社会は貧困状況であったと同時に、日本の社会では民族差別を受け続けていたため、北朝鮮からの支援には非常に大きな意味があった。そして、北朝鮮側が在日コリアンを積極的に受け入れる姿勢は、北朝鮮が在日コリアンの生活問題に関心を持っているという印象を多数の在日コリアンに与えた。それは北朝鮮が総連を通じて在日コリアンに向けた宣伝の結果であったとしても、貧困にあえぐ在日コリアンにとっては救済のメッセージとして理解されたのである。

一方、一九五九年に韓国政府が帰国事業に反対した理由は以下の四点にあった。

①北送実現の場合、我々の国際的な威信が大きく失墜する。

②南韓の共産主義者らが休戦線を経ず、日本を経て北韓（北朝鮮—筆者）に帰還する道が開ける危険性がある。

③民団と朝総連に属していない浮動僑胞らが求めれば、帰国（韓国への帰国—筆者）を許容したので、それが彼らの朝総連加入を防ぐ安全弁になっていたが、北送を許容するとなると、その安全弁を失う。

④北送された僑民らが北韓でスパイ教育を受けて、日本へひそかに派遣され、対韓諜報活動をする恐れがある。[23]

このような問題意識を持ちながら、同年二月三日、韓国側は日本政府に「在日韓国人の北送を取り消さなければ、韓国は韓日会談再開に応じない」と言及した[24]。この発言は、韓国政府にとっての在日コリアン問題に対する視点が、これまでの植民地の問題から、分断体制の問題へと移行したことを示している。

第三項　帰国事業をめぐる韓国政府の外交的対応の限界

北朝鮮の帰国事業を阻止するため、韓国政府は日本政府のみならず、アメリカ側とＩＣＲＣにも接触していたが、外交的な接触からは韓国側が期待するような結果は得られなかった。まず、一九五九年二月一三日、韓国側とパーソンズ（J. Graham Parsons）米国務部北東アジア課長との会談において、パーソンズは在日コリアンの帰国事業に関して、未解決問題として取り扱うのではなく具体的に推進するほうが「自然」なことであると強調した。そして、日本の決定は政治的なことではなく人道主義的なレベルのことであり、日本政府が日韓会談を決裂させるために行ったことではないので、韓国政府も日韓会談を決裂させないように要請した。また、米国務次官補であったロバートソン（Walter S. Robertson）は、帰国事業に反対する韓国政府を支持しないとの立場を表明した。その理由は、第一に、なぜ共産主義者（北朝鮮を支持する在日コリアン）を韓国に入国させるのかに疑問を持っていたこと、第二に、朝鮮戦争の休戦協定で「捕虜ら」（大村収容所にいる在日コリアンを含めた収容者ら―筆者）の「自発送還原則」を支持したからである[25]。

加えて、同年三月二日、ジュネーブで日本と北朝鮮の間で在日コリアンの北朝鮮への帰国に関する交渉が始まろうとしている時、アメリカ総領事で在ジュネーブ国際機関常任代表が、ＩＣＲＣの委員長ボワシエ（Leopold Bossier）に電話をかけて、この問題に対するアメリカの態度を説明した。当時、米国務省は「個人が自国に帰ることについては、その帰国に先だって徹底的な審査がおこなわれることを条件に、反対しない」という立場であった。当時、アメリカは北朝鮮を国家として認めていなかったが、北朝鮮に帰国を求めている相当数の在日コリアンの存在を承知していた。実際、ボワシエは全体として「合衆国はこの件に関与したくない」という印象を受けたという[26]。

しかし、アメリカ側が帰国事業を擁護したのはそれだけが理由ではなかった。アメリカ関連文書を検討したテッサ・モーリス＝スズキの研究では、アメリカ側の政治機関関係者たちの北朝鮮を支持する在日コリアンに対する認識が紹介されている。まず、同年七月一〇日、日本と北朝鮮の間で協定草案がまとまった直後、極東担当次官補であるパーソンズと国務長官ハーター（Christian Archibald Herter）のレポートには「日本の朝鮮少数民族はつねに対応のむずかしい、厄介な問題だった。朝鮮人は日本社会に決してとけこもうとしない。大都市圏のなかで孤立した共同体をつくって暮らす、不遇をかこち、経済的に貧しい集団である。結果として、犯罪面での主要問題であり、国と地方自治体の社会福祉にも大きな負担をかけてきた。日本人は自らの失業問題で苦慮しており、この余分な負担を歓迎してこなかった」と記されていた。また、同月一五日にアメリカの駐日大使ダグラス・マッカーサー二世と対談したオーストラリア駐日大使であったワット（Alan Watt）は「マッカーサー駐日大使は、私にこう言った。アメリカ大使館が日本の世論を調査したところ、ほとんどの人が一致して、『朝鮮人を追いだすこと』において積極的であることがわかった。（中略）マッカーサーは、自分もその点について日本人をあまり批判できない、と言う。なぜなら、（マッカーサー二世によると――テッサ）日本に残っている朝鮮人は程度が低く、多くの共産主義者および多くの犯罪者が含まれているからだ。今もって、日本政府がなんの帰還計画も実施しないのはきわめて非現実的なことだ」というマッカーサー二世の発言を記録している。これは、当時のアメリカ側が在日コリアンを不愉快な存在とみなしていたことを示している。

そして、同月アメリカ側の文献には「帰国問題に包含される広い政治的意味を考えて、われわれは、日本政府にこのような帰国の実施を思いとどまらせようと、さらには、すくなくとも帰国が完全に自発的に、赤十字国際委員会の効果的な監督下でおこなわれるように促そうと、努力をしてきた。しかし、日本政府は政治的にも帰国に完全にコミットしており、たとえ両赤十字の合意を国際委員会が承認しなくても、北朝鮮への帰国を阻止するチャンスはほんの短時間しかないだろう。こうした状況で、日本政府は、韓国との相違の全面解決が保証される場合にのみ、帰国を遅らせる用意があると表明」したと記されていた。これに関して、テッサ・モーリス＝スズキは「アメリカとしては日韓関係へのダメージを最小限にとどめることに専念すべきである、とレポートは提案していた」と述べ、「赤十字国際委員会を促して帰国の監督に積極的に関与させ、それと並行して韓国には、帰還計画を黙認させ、自らの扉も開いて在日朝鮮人を受け容れるように迫るのである」と指摘した[27]。

一方、二月一四日、藤山外相と坂田《さかた》道太《みちた》厚相は、島津《しまづ》忠承《ただつぐ》日赤社長に日赤代表をジュネーブに派遣させる「要請文」を伝達した。日本側が帰国事業の準備を整えていることに対して、韓国側では日本政府に対して「韓日会談打ち切り」と「李ライン」監視強化を通告したほか、政府・与党のみならず、野党の各代表まで参加する会議が設けられ、「北送」反対の「総力戦」が決議された。国防部からは海軍と陸軍が「北送船」を阻止するため出動準備が完了したという報告が続いた。また、梁裕燦《ヤンユチャン》駐米韓国大使が対米対策の検討のため緊急帰国し、柳泰夏駐日韓国代表部公使も一時召還され対策協議に合流した。同日パゴダホテルで国民的「反北送」運動推進の合意が行われたほか、翌一五日には韓国の国会で満場一致で「北送反対決議案」が承認された[28]。

その前々日の二月一三日には、日本政府は「在日朝鮮人中北鮮帰還希望者の取扱いに関する閣議了解（以下、閣議了解）」を決定していた。その内容を見ると「意思確認と（中略）帰還の実現に必要な仲介とを赤十字国際委員会に依頼する。（中略）帰還に関する諸般の事項の処理については、日本赤十字をして赤十字国際委員会と協議せしめる。ただし、日本側においては、配船は行わない」としている[29]。

同年五月五日、アメリカのダウリング（Walter C. Dowling）駐韓大使は李承晩に帰国事業問題は日韓会談を通じて解決を模索することを提案したが、李承晩はＩＣＲＣによる帰国事業が中止されなかったら、日本との関係改善は無理であると言及した。その後、李承晩は訪韓中のパーソンズと会ってアメリカに帰国事業問題に関して、「賢明な解決策」を求めていたが、パーソンズはアメリカには両国の問題に関与する資格がないと返答した。こうしたアメリカの態度を検討した朴鎮希は、帰国事業問題に関して、アメリカ側は韓国のために何もできることはなかったと説明している[30]。これに加えて、同年七月一七日、ダウリング駐韓大使は帰国事業をめぐる問題に関して、韓国側に以下のように伝達した。

アメリカの立場からすると、ＩＣＲＣの全面的な関与によって、共産国家である北朝鮮に「送還」される人々の数をできるだけ最小化することが保証されるように最善を尽くすが、特に、いま議論されている韓国送還を求める人々と、日本に居住し続けたい韓国人の法的地位に関する問題に対してもICRCが関与することによって協議が可能になる。しかし、そのためには帰国者については、ICRCが全面的に審査できるように、韓日両政府の間の合意が調わなければならない。もし、韓日両国の間で「送還」問題に関して合意するならば、アメリカはその「補償」のための支援を提供する用意がある。またアメリカは、韓日両国の会談再開に向けて事務体制を充実する準備もできている。そして、韓国に帰還したい在日韓国人の「送還」のためには、両国間で遅滞なく提供すること（具体的な提供内容を調査しなければならないが、おそらく金銭などの支援であろう―筆者）についての合意が行われなければならない。[31]。

ダウリング駐韓大使は韓国側に、ICRCが帰国事業に関与することで、北朝鮮への送還を少数に収めることができると述べた。そして、日韓会談を再開して、ICRCの送還審査基準に韓国側が関与できるように協議することを示唆した。在日コリアンの送還問題を解決するためには日韓会談を行う必要があるというのである。実際のところ韓国側としても、日韓会談を通じて帰国事業に関与するしかなかったのである。

その後、同年七月三一日に兪鎮午は藤山愛一郎外務大臣に日韓会談の再開を要請し、日本側も日韓会談を再開することに同意して「釜山に収容されている日本人漁夫と大村に収容されている韓国人（在日コリアン―筆者）の相互送還」が実施されるよう要望した後[32]、八月一一日の韓国側と日本側との協議によって[33]、日韓会談は同月一二日に再開された[34]。

第二節　帰国事業への反対

第一項　韓国内の帰国事業反対運動の展開

韓国国内では一九五九年二月一三日に自由党議員らと政府閣僚らが「国務会議室で連席会議を開いて在日僑胞を北送する日本政府の仕打ちを糾弾反対する全国的な国民運動の展開に関して協議をする」動きがあった[35]。この日、外務部会議室では自由党、民主党、無所属の議員らが集まった。彼らは、当時の外務部長官である曺正煥と外務次官である金東祚から帰国事業に関する政府の「措置」について説明を受けた[36]。

同月一五日、国会議長室で「在日韓人北送反対全国委員会（以下、北送反対会）」の発起委員会が召集されて、組織化が開始された[37]。翌一六日、北送反対会はソウル大学講堂で四〇〇名程度の参加者が集まり李起鵬《イギブン》・趙炳玉《チョビョンオク》・張澤相《チャンテクサン》を指導委員として選定し、「日本の僑胞北韓強送陰謀を粉砕するために与・野を超越して、国内的には国民を指導・闘争して国際的には友邦の支持を得るために、外交活動を強力に展開すると決議する」と宣言した[38]。以後、二一日ソウル運動場で「全国大会」が挙行され、指導委員らの演説や李承晩が北送反対委員会に送ったメッセージの外務長官による代読などがあった[39]。

同月一三日から各地域でも帰国事業に対する反対運動が行われていたが、北送反対会が結成されてからは、一九日にはデモが全国規模で行われ、新聞によれば「学生・除隊軍人・商人・会社員・芸能人など」が参加した[40]。全国で行われたデモの参加人数は二月一三日から四月一〇日までで、のべ一千八七万七五二七名に達していた[41]。その後、帰国事業反対運動は一旦中止となったが、六月一一日に日本と北朝鮮が帰国事業で妥結をみる可能性があるとの情報を得ていた北送反対会は、翌六月一二日からデモを再開し[42]、一八日にソウル運動場で、帰国事業反対の全国大会が行われた[43]。

第二項　帰国事業実施前の民団の動き

一九五八年、日本と北朝鮮との帰国事業の動きに応じて、民団は七月二七日に臨時中央議事会を開いて、「北送反対の決議」をしてから、反対運動を展開し[44]、一九五九年二月二日「北送反対闘争委員会」を結成した[45]。以後、民団は、一九五九年二月一二日に日本外務省の前でデモを行い、帰国事業「反対抗議文」を外務省に提出し[46]、一五日、東京を含めて一八ヵ所の都市で帰国事業の反対デモを行った[47]。

三月三日、青森から大阪まで縦断する二三名の自転車抗議団が、途中、約五〇〇名のデモ隊を率いて外務省に殺到した。デモ隊は警察の制止を突破し、四メートルの高さの鉄門を越えて中に入り、山田外務次官に抗議文を手渡した。そして、日本全国四五ヵ所で一〇万名を動員してデモ行進をし、「伝単七万枚、趣旨文三一万枚、日本人に対する啓蒙伝単三〇万枚、同胞に二九万枚」を配布した。この時、警察がデモ隊員の一部を逮捕する事件まで発生した[48]。

しかし、民団の内部では、帰国事業に対する意識は単なる反対だけではなく、韓国側に対する不満も生まれていた。六月一五日、民団中央機関では次のような決議書を発表した。

①在日同胞北送反対運動を最後まで継続闘争する。

韓国での帰国事業反対集会の様子

（出典：韓国公報部広報局写真担当官『재일교포북송반대전국위원회발족및국민총궐기대회』［在日僑胞北送反対全国委員会発足及び国民総決起大会］韓国国家記録院，管理番号：CET0040587, 1959年）

②日本政府に対して、在日同胞の基本的な人権と生活権確保闘争を大衆的に展開する。
③本国政府に対する在日同胞の保護施策に対して一〇余年にわたって請願をしてきたが、現在に至るまで誠意ある施策が全く無いので、我々は、これ以上の忍耐ができない。自由党政権に対する不信を表明する。[49]

民団は韓国が行っていた在日コリアン政策に不満を示してもいたのである。さらに、当時の民団団長である金載華は「北送に反対するのは勿論であ」るとしながらも、「我々の政府に対しては過去一〇余年間にわたり、僑胞問題について請願してきたが、誠意ある回答が何もない」と韓国政府に対して厳しく批判した。その後、韓国政府を批判するグループと韓国政府との関係を重視するグループとの摩擦から、民団内部に不協和音が生まれた。その要因について金太基は、北朝鮮が総連に一九五七年四月から一九五九年二月まで六億円の教育援助を行っていたのに比べて、韓国側からは目立った支援がなかったことへの、民団内部の不満の高まりにあったと説明している[50]。つまり、帰国事業は民団内の韓国政府に対する不満を生み出す契機ともなったのである。

民団関係者の帰国事業反対闘争

（出典：『韓国新聞縮刷版』1巻）

藤山外相の事務室に突入しようとする民団員たち

（出典：韓国公報部広報局写真担当官『동경재일교포북송반대데모』［東京在日僑胞北送反対デモ］韓国国家記録院、管理番号：CET0041017, 1959年）

第三節　帰国事業妥結に対する韓国政府の在日コリアン政策

第一項　在日コリアンの韓国への送還

一九五九年八月初旬には、韓国側は新聞報道を通じて朝赤の副会長である李一景《リイルキョン》が在日コリアンを北朝鮮の労働力として吸収しようとしていることを確認している[51]。同月七日、ICRCは韓国側に対して、在日コリアンが居住地を自由に選択することができるように、帰国事業の支援を行うと通報した[52]。韓国側が作成した資料によれば、ICRCは翌八日に次のような立場を発表したと記録されている。


a．ICRCは本来生まれたところを選択して帰還を求めている在日韓国人の送還に対して、必要とする様々な措置を提供すると決めた。

b．ICRCは日本からの承認の要求を受け、日本と傀儡（北朝鮮―筆者）の間の合意承認を拒否しなかった。

c．日本政府は最近ICRCの関与がなくても、いわゆる送還をするとICRCに通報してきた。

d．送還問題を実行する当事者は日本政府であり、ICRCではない。

e．ICRCが日本に行ったのは、自分の意思に反して送還される人々を阻止するためである。

f．ICRCは日本に代表団を派遣するが、決められた条件を日本側が実行しないと、ICRCは日本から代表団を撤退させる。

g．ＩＣＲＣは、韓国への帰還を求める韓国人の送還機構づくりのために、韓赤も協議に加わるように提案した。[53]

同月一一日、帰国事業問題に関して韓国側は上のようなＩＣＲＣの態度を踏まえたうえで、政府の内部では次のような議論が行われた[54]。かなり長くなるが引用しておく。

長官（曺正煥《チョジョンファン》外務部長官―筆者）：我々が会談の無条件再開を提議したのは我々の浅知恵かもしれないが、米国の周旋要請もあり、またＩＣＲＣの交渉も我々の思惑通りにできなかったので、何とかして解決を模索するために会談の無条件再開を提議し、日本がこれに応じたのである。

許政《ホジョン》代表：今までの韓日会談は韓国側の態度も強硬で、今まで大した成果がないまま今日まで来た。無条件会談は両方が全くの条件をつけずに（会談を―筆者）行うので、日本は会談とは別に既定方針通り、北送を推進するだろう。それに対して我々がこのまま何も措置を施さなかったら、我々が北送を認めた印象を与えるであろう。北送は我々の立場としては、絶対譲れないことであるが、だからと言って、これに絶対反対だけしても会談がうまく進まないので、これをどうすればよいか。

柳泰夏大使：無条件会談再開と同時に抑留者相互釈放も提議したので、日本は日漁夫（日本人漁民）問題があるので、割り切れない点がありながらも、我々の提議に応じたのである。

長官：抑留者相互釈放の提議は事実上我々がだしに使ったのである（傍点筆者）。

許政代表：北送還問題を優先して協議すれば日本はどのように出るか。
長官：北送還問題だけを先にすると会談が進まないのである。全議題を一緒に協議するしかないであろう。そうしながら時間を稼ぐのがよい。
（中略）
任哲鎬《イムチョルホ》議員：韓日関係は年々我々が不利になっている。また李博士（李承晩―筆者）がいる間に解決することが我々に有利なので、何とかして早期解決するのが正しいであろう。既定方針どおりにして、会談が前に進まない場合には李博士に建議してもらい、違う段取りを行っても早期解決するのが正しいであろう。いまの様子であると、本当に北送を求める者たちを防ぐ方法はないだろう。
許政代表：北送は避けられないと思うが、我々が譲れる限界はどこになるのか。
兪鎮午代表：この問題において、妥協を模索するとすれば、我々が最大限度に譲れる線はどこまでなのか。一九五七年にニューデリー赤十字会議でReunion of dispersed families（離散家族の再会）に関する決議が採択されたが、北韓に家族がいる人、または知り合いがいる人が北韓に行く件についてこの決議に照らしてみるなら、譲るのも悪くないと思う。しかし、現在、北韓に行こうとしているのは共産党支持者なので、北韓に行きたい人の問題は政治的なことであり、したがって、赤十字会議の決議とは関係がない問題なので、これを譲ったらいけない。補償を与えられたら在日韓人を（韓国へ―筆者）帰してもらうが、全員を受け入れるという最近の政府の立場が事実であるなら、賛成できない。
張暻根《チャンギョングン》：同感だ。あの人たち全員を受け入れたら、その中にはいろいろな人間がいるので、その出身成分を我々が知る術がないし、来年の選挙にも邪魔になるはずだ。

許政代表：実際にパルゲンイらを南韓へ連れて来たら我々の損害となるであろう。第一次韓日会談の時にも、私は日本は聞いてくれないだろうが、在日韓人らに国籍選択の自由を与えるようにすればよいのではないかと思った。今でもできるなら国籍選択の自由を与えるのがよいだろう。

兪鎮午代表：第一次韓日会談当時、そんな意見があったが、李博士は韓人が絶対に日人（日本人—筆者）になることはあってはならない主張していたので、国籍選択の自由という考え方には結論が出ないだろう（張暻根代表が同感の意を表した）。補償を受けられるならば全員を受け入れるというのは、極めて危ないことだろう。しかし、我々も対案を出さなければならない（張暻根代表が同感を表した）。

李澔《イホ》代表：在日韓人にどうにかして、日本国籍を持たせるか、そうでなければ、永住権を持たせるか、ここに連れてくることはありえない。この話を在日韓人が知ると日本へ追い払われていると認識してしまい、困ったことになる。

以上の議論の内容によると、韓国側は基本的に自分たちの側で在日コリアンの思想的な識別ができないので、韓国への送還を避けたがっていた。そして、一部の代表は韓国への送還より、日本国籍をとってもよいと日本での生活を優先的に考えていた。しかし、上の議論からわかるように李承晩の側近たちには、在日コリアンの処遇に配慮するような発言はみられない。その後、一九五九年八月八日、韓国政府は国会内で帰国事業問題に関して会議を行ったが、そこで国会議員の張澤相は民団について「夾雑君ら（いかさま師たち―筆者）」と決めつけ、民団に頼るよりも、韓国の民間使節団を結成して日本側の「実業界、政界、言論界」と接触する必要があると言及した[55]。張澤相の見解を韓国側の一般的な民団認識だと判断するのは難しいが、この発言からは、韓国内部で民団が信頼できない存在として位置付けられていたことが推測できる。

第二項　帰国事業協定締結後の韓国政府の対応

日韓会談の再開後、一九五九年八月一二日、フランスのパリから韓国の外交部にＩＣＲＣの電文が届いた。内容は、ＩＣＲＣは帰国事業に介入することに決定し、在日コリアンの自由意志によって、送還を求めている者らに送還を行うというものであった[56]。その後、翌一三日にインドのカルカッタで、朝赤と日赤との間で帰国事業の協定が結ばれた[57]。このような展開のもと、韓国側は大きく態度を変化させた。まず同月一九日には、以下のような見解を示した[58]。

まず、日本側が在日韓国人らに適切な補償をすれば、すべての韓国人らの韓国送還を受け入れるが、韓国送還を望まない人々はもはや韓国の国民ではないとみなす。ただし、すべての在日韓国人の本国送還は不可能である。この方法だと、一〇万人近くが帰還すると予想される。その時、日本政府は可能な限り多くの在日韓国人を北方（北朝鮮―筆者）に追放することができることになる。そして多数の在日韓国人が日本に帰化する場合もあれば、しない場合もあるだろう。その場合、民族感情は別として、在日韓国人の問題は、最終的に解決するようになり、私たちの政府には、この問題につ

李承晩（真ん中）と金東祚（左端）外6名の日韓会談派遣団の記念写真
（出典：韓国公報部広報局写真担当官『이승만 대통령, 제 4 차 한일회담 파견 한국측 대표들 접견』［李承晩大統領、第４次韓日会談派遣韓国側代表らとの接見］韓国国家記録院、管理番号：CET0083205, 1959年）

いてこれ以上の責任はなくなるだろう。

当時、韓国側の外務部次官である金東祚は日本側が在日コリアンに補償するならば在日コリアンの韓国への送還を受け入れると語った。しかし、韓国送還に応じない者は韓国の国民ではない（「在外国民登録」をした在日コリアンも含めて）と言及した。おそらく、韓国側は韓国送還に応じない在日コリアンは北方に追放（北朝鮮に帰還—筆者）する者と「日本に帰化」する者だけが残ると判断していたのだろう。

一方、韓国送還に応じない在日コリアンを「韓国の国民ではない」と発言した金東祚であるが、これは李承晩から命じられたものであった[59]。李承晩に対して金太基は、韓国への送還に応じない在日コリアンが多いはずなのに「一国の大統領として、極めて無責任な発想である」と指摘して、李承晩の対応は「棄民政策」であると論じた[60]。

同月二一日、帰国事業問題に関して、韓国側の柳泰夏と許政はアメリカの駐日代表部のダグラス・マッカーサー二世大使と面談した。そこで、マッカーサー二世は、在日コリアンの日本における法的地位がより改善されれば、北朝鮮への送還を求める者たちが減るだろうと言及した[61]。ここには、韓国側に日韓会談に積極的に関わるための大義名分を立てさせようとするアメリカ側の意図がうかがえる。加えて、韓国に送還する場合、アメリカに支援を要請すれば、アメリカは韓国への送還者に財政的な支援をすると韓国政府に言及した[62]。

当時、韓国政府が主張していた在日コリアンの法的地位については「1．両政府は在日韓国人が自由に韓国に帰還ができるようにして、彼らの搬出財産に対する制限を加えないようにする。2．過去、在日韓国人を日本に強制移住させたことに対して日本政府が補償措置を行い、その補償金は韓国人が帰還後の再定着のために使われる。3．在日韓国人の集団送還を実行後、両国の政府は韓国送還を求めていない韓国人の法的地位に関して追加的な協議を行う」との姿勢であった[63]。

九月七日、半年ぶりに行われた「第一七次在日韓人法的地位委員会」で、韓国側の代表である兪鎮午は、永住権問題に関して、戦前から居住していた在日コリアンの「第二世または第三世」に永住権を付与する必要があるという見解から、次のように述べている[64]。

もし、日本に生まれた韓国人に属地の原則を適用すれば、彼らは日本国籍を得るものである。したがって、日本で生まれた韓国人に永住権を与えるのが至急に必要であり、彼らは母国（朝鮮半島——筆者）とは関係ない。彼らが本国に帰還しても、外国と感じるかもしれない。

兪鎮午は在日コリアンは日本の生活が長かったので、日本人としての感覚を強く持っていると認識していた。したがって、在日コリアンが「日本国籍」であってもおかしくないので、永住権を与えなければならないと表明した。

同年九月一一日の会談では、在日コリアンの送還問題が再び議論された[65]。兪鎮午は、在日コリアンが帰還する時、財産の全額を韓国に送金できるように要求した。かつて、在日コリアンが財産の所有を継続したまま帰国ができるように提案したが、それをあらためて強調したのである。これに加えて、在日コリアンが韓国に帰国するに際して「補償金」を受け取ることができるなら、韓国政府は大規模な数の在日コリアンを受け入れると提案した。特に、補償金に関する韓国側の見解は、貧困であった在日コリアンが豊かに生活できるための財産ではなく、定着に必要な資金としての提供を求めていた。これに関して、日本側は真剣に工夫をすると答えた。

さらに、一〇月一〇日の韓国側の兪鎮午と日本側の勝野康助・平賀健太との非公式会談においても、在日コリアン送還問題を中心に議論が進められた[66]。まず、韓国側は「できるかぎり多くの在日韓国人を韓国に帰還させるための方針を採択した。韓国人の帰還を促進するため、日本政府が適切な補償を行うことが必要だと思う。我々の調査によると、一五万から二〇万人程度の在日韓国人が帰還すると思われるが、共産政権が支配する北方に帰還を求める大部分の貧困な者らは、送還条件が良くなれば韓国に帰還する」との立場を表明した。そして、日本側が在日コリアンに対してどの程度の「生活補助」を支給するかについては、その当時、日本政府が日本人を対象として「七〜八万人」に一八億円の生活保護費を支払っているので、これを参考として取り扱うように言及した。

第三項　ＩＣＲＣに対する韓国政府の反発

それでは、韓国側はＩＣＲＣとどのような議論を行っていたのであろうか。一九五九年一〇月二九日、当時の駐ジュネーブ韓国代表部公使であった金溶植はＩＣＲＣと接触した内容を李承晩に報告した。その報告によれば、金溶植はＩＣＲＣに「各個人が、再会したい北にいる親族などの名前を明らかにすれば対面をうまく進めることができる。したがって、質問は個人単位で行われなければならない。そして、ある家族の構成員のうち一人が共産主義者であっても、他の家族はそうではない場合もあることを本人（金溶植―筆者）の日本での経験から確認できる。したがって、質問は個人単位で行われなければならない」と要求した[67]。これまでは、帰国事業の実施が問題であると反発していた韓国側であったが、今回は、北朝鮮に帰還を求める在日コリアンの識別を厳しく行うように要求したのである。

以後、一九五九年一〇月三〇日の駐ジュネーブ韓国代表部の報告書には、ＩＣＲＣが帰国事業に関して、帰還を求める在日コリアンの意思を各個人ごとに確認したうえで、日赤との協力により、以下の特定事案を決定したことが記されている[68]。

1. 在日コリアンの送還はあくまでも個人であり、自発的な原則下に行われなければならない。
2. 自由な意思決定ができるように、全在日コリアンが自由に情報を入手できなければならない。

—《（ママ）》つまり、日本に残るか、または、北と南のどちらに行くのか。

3. 登録時及び登録手続期間は、在日コリアンにどんなことがあっても圧力をかけてはいけないし、個人の安全は絶対に保証されなければならない。

4. 日本赤十字社、または赤十字国際委員会の代表は、在日コリアンの求めがあれば、いつでも相談（帰国事業に関する相談—筆者）を受けなければならない。

在日コリアンが帰国事業に関して相談がある場合、ＩＣＲＣの関与のもとでその相談を受けるようになった。しかし、韓国側は駐ジュネーブ韓国代表部の報告書のように、帰国希望者の登録事務がうまく行われていないと判断して、一一月一一日、ＩＣＲＣ側の関係者との対面で以下のような不満を表明した[69]。

(1)最近、日本と共産主義者が登録（帰国希望に関する登録—筆者）に対して圧力をかけており、日本に居住する我々の国民は、日本側から圧力を受けている：彼らは強制的に登録させられた。

(2)ＩＣＲＣは、個人及びその自由意思によって、自発的という原則を擁護してきたが、登録事務所での登録は、集団的に行われた。これは、ＩＣＲＣが打ち出した原則とあまりにもかけ離れている。

(3)したがって、ＩＣＲＣは日本から撤退しなければならない段階に至った。

帰国事業に関して、帰国に関する登録が「日本と共産主義者」によって「個人的」にではなく「集団的」に行われており、ＩＣＲＣは原則を守っていないので「日本から撤退しなければならない」と言及したのである。しかし、ＩＣＲＣとしては、登録が圧力によって行われたものではなく、申請書は各個人に渡したので、集団的に行われてはいないと反論した。そして、ＩＣＲＣ側は韓国側がその主張を裏づける証拠を提出してもらえるなら「ありがたい」と述べた。もちろん、韓国側が主張したように在日コリアンの登録が強制的な性格を帯びていたのかどうかは確認できないが、こうしたやり取りをみると、韓国政府が帰国事業の進め方に不満を抱いていたことを確認することができる。

第四節　帰国事業の実施をめぐる韓国政府と在日コリアン社会の対応

第一項　総連の帰国運動

当時の総連は北朝鮮から民族教育のための支援金を受け取り、各地域に民族学校の設立を進めていった。そして、民族学校のコミュニティを通じて、北朝鮮の対外政策に呼応した教育を行ったため帰国事業の宣伝が広がるようになった[70]。

一九五八年七月二九日付の「在日本朝鮮人総連合会第四回全体大会から金日成首相宛の手紙」には、「共和国の対外政策に厳格に基づき日本人民との連帯を強化し、朝日両国間の正常的関係を促進するためにさらなる力を注ぐことを誓う」と記されており、その後、指令を受けた総連中央が八月一一日に

「集団的帰国決議」をした。そして、翌一二日に開催された同大会で、「集団帰国問題に関する要請書」が採択され、日本政府に伝えられた。一方、同日に第四回原水爆禁止世界大会が二〇日までの日程で行われていた。同大会には総連中央の李季白副議長、外務部長の尹相哲《ユンサンチョル》が在日朝鮮人代表として参加し、その場で「集団的帰国決議」を協力団体に伝えた[71]。このように、総連は帰国事業による在日コリアンの帰国準備を着々と進めていたのである。

一九五九年八月二三日にジュノー（Marcel Junod）副委員長以下、ＩＣＲＣ代表団の東京への派遣後、間もなくして帰国事業が日本社会に表面化した。日赤はＩＣＲＣ代表団と帰国業務処理に関する細則を協議したうえで、九月三日にいわゆる「帰還案内」を公表した[72]。「帰還案内」の内容には「日本にとどまることを希望する朝鮮人の場合、在日朝鮮人はもちろん日本に引き続きとどまっていることができる」という「原則」が掲げられていた。これに対して、当時の総連中央帰国対策委員長の李季白や尹相哲らは同月七日に日赤本社を訪問して、日赤社会部長である高木武三郎に「帰還案内」中の日本に留まることができるという「原則」は「帰国と直接的な関係を持たない」と主張し「帰還案内」の撤回を要求した。これに加えて、総連は「帰還案内」の撤回のために、九月二一日に日赤が強行した帰国申請の受付に対して、全国各地域で申請拒否を行い、同月一八日の「第一次帰還案内撤回要求統一行動」から続く一〇月二日の「第二次帰還案内撤回要求統一行動」では、全国で一五万人以上の在日コリアンが動員された。こうした活動の結果、一〇月二七日に外務省及び日赤側は総連に「帰還案内」を撤回することを伝え、帰国希望者申請受付開始への協力を求めた[73]。こうして総連は帰国事業に対して深く関与することになった。

第二項　帰国事業実施後の民団の対応

日赤と朝赤との協定で帰国事業が実施されるようになったため、民団は光復節記念行事日（一九五九年八月一五日）に「北送反対の民衆大会」を開催することを決定した。これに参加した団員は約五〇〇〇名であった。この日に大阪ではバス五〇台と自家用車一〇台で約六〇〇〇名を動員して、街頭（明確な場所は不明）でデモを行い、全国のデモ参加者は一〇万名に達したと記録されている[74]。

一方、一九五九年八月に民団の二、三千名が羽田空港へ行きＩＣＲＣ関係者に対してデモを行った[75]。そして、韓国側が作成した文書によれば、同年九月二一日から「民団系」の在日コリアン約二〇〇〇名は「日比谷公園」で「北送反対決起大会」を開いてから「市街行進」を行い、曹寧柱以下四〇名は帰国事業反対のハンストを日赤本社の横にある芝公園で行った。その後、帰国事業反対のハンスト参加者は二五日には五二名に増えた。同じく二一日、四〇〇名の民団員とハンスト行っていた二〇名は、午前中に日赤を囲む警官隊を突破して、社内で帰国事業反対の意思を日赤の葛西嘉資副社長とＩＣＲＣの団長に伝えた。このようなデモを受けて二六日に葛西は民団長に回答すると伝え、民団のデモ参加者らは一旦退去した。ハンストを行っていた者たちは健康状態が悪化していたので、当時の駐日韓国代表部の大使である柳泰夏が中止を要請した。柳泰夏の要請によってハンストは中止されたが、そのうち六名が入院した[76]。

一二月五日、日本の警察は民団が北朝鮮への帰国希望者がいる宿舎を爆発する計画があるという情報を入手したため厳重に警戒した。日本の警察が厳重警戒するなか、車進《チャジン》ら二人が逮捕された。この二人は逮捕時にダイナマイト一二個とガソリン四ガロンを保持していた。車進は「韓国の時事通信社東京通信員」として大村収容所の抑留者の身分調査と通訳を務めた人物であった[77]。これに関して、日本側は車進が韓国代表部から依頼されたと疑い韓国側に事実関係を質した。それに対して柳泰夏は、車進は韓国政府とは無関係であると答えた[78]。この事件の真相は明らかになっていないが、この事件を契機に、韓国の新聞記者は新潟港の帰国希望者の宿舎に出入禁止となった[79]。これによって、韓国側関係者が帰国希望者の宿舎に接近することが難しくなった。

同月一〇日、民団は帰国のために新潟港に集まっていた在日コリアンらを説得するために約一〇〇〇名を動員して「北送反対」を叫びながら、デモを行った[80]。さらに、民団では金今石を中心として一九五九年一〇月一九日に「北韓強制労働者募集防止対策委員会」が結成され、一二月一一日に四五〇余名が日赤の「北送基地」において新潟港口まで行く列車を停止させたが、その過程で日本の警察と乱闘騒ぎを起こした。このような民団側の阻止活動にも拘わらず、一二月一四日、第一次帰国事業が行われ九七五名の在日コリアンが新潟港から北朝鮮へ出発した[81]。

第三項　帰国事業実施後の韓国政府の対応

一九五九年一二月五日、日韓両国は「在日韓人の大韓民国への帰還及び日本国に残留する韓人の処遇に関する原則的合意案」をまとめたが、それは以下のような内容であった[82]。

1. 大韓民国政府は

(1)在日韓人の滞日期間中の政治的関係にかかわらず大韓民国に彼等を受け入れる。
(2)帰還する在日韓人の大韓民国における再定着のために、住宅及び職業を与え、その他必要な援助を与える。

2. 日本国政府は
(1)両国政府が合意する一定期間内に、自由意思により大韓民国に集団帰還する在日韓人に対し、日本国内における輸送及び乗船地における宿泊につき必要と認める便宜を供与する。
(2)右韓人が合法的に取得し所有する現金その他の財産の送金又は持出については、日本国の法令の範囲内において、できる限り好意的に取り計らう。

3. 日本国政府は、終戦前から引き続き日本国に居住し、且今後も引き続き日本国に残留することを希望する韓人に対し、永住を許可する。前記韓人のうち、両国政府の合意する一定期間内に退去強制処分に付せられる者の基準は、両国政府間で協議決定する。右期間後における退去強制処分の基準は一般在日外国人と同一とする。
終戦前から引き続き日本国に居住し、且つ今後も引き続き日本国に残留する韓人は、参政権及び公務員となる権利その他日本国の憲法及び法令により、日本国民のみに認められる権利を除いては、その在留中、日本国民と同様の処遇を受ける。

ここで、韓国政府は在日コリアンを受け入れる場合には、在日コリアンの韓国内における「住宅及び職業」に関して支援するようになった。財産持ち出しの場合は「日本国の法令の範囲内」と書かれているが、これについては日本政府に制限できる余地があるため、在日コリアンの財産送金を制限しないように要求してきた韓国側としては満足できない内容でもあった。

一方、一二月七日にマッカーサー二世駐日大使は、日本側の藤山愛一郎外相と韓国に送還する在日コリアンの問題について会談した内容を柳泰夏に伝えた。そこでの主な内容は日本側からの日本人漁民の釈放要求であったが、明確な数字は記されていなかったものの、在日コリアンに提供する金額に関しても述べられていた。しかし日本側が提案した金額に柳泰夏は満足せず、その反発を受けてマッカーサー二世は、金額が増えるように努力すると答えた[83]。また、日本側から在日コリアンの送還資金と、韓国に帰国後の資金を提供することの「口頭確約書」[84]を受け取ったが、その内容は次のようなものであった。

日本政府は在日韓国人の送還と、韓国での新たな定着に必要となる適当な資金を一括的な方法で、韓国政府に支払う準備ができている。日本政府は上に言及した資金の種類と支給方法、そして、支給に必要となる他の追加措置に関して、韓国政府と直接的な協定を結ぶ準備が整っている。[85]

これまでは、韓国に送還する場合に、日本政府が資金を支払う対象は各在日コリアン個人であったが、ここでは韓国政府に一括して支払う展開になっていた。

その後、一二月に行われた梁裕燦駐米大使とアメリカ国務部次官パーソンズとの会談では、日本側が用意する金額を確認することができる。パーソンズは日本政府が、一家族当たり一五〇〇ドルまで支払う用意があり、日本の円で払うつもりであると言及した[86]。おそらく、この金額については韓国政府も事前に知っていたものと思う。

一九六〇年一月の日韓共同声明草案では、在日コリアンが韓国へ帰国する場合、両政府の協定によって、日本側は韓国での「定着金」を支払い、送還が行えるように施設を提供し、所有財産と韓国への送金を保証するとなっていた。韓国側は政治的な所属（総連や民団など―筆者）とは関係なく、在日コリアンの韓国への帰国を受け入れ、帰国者が定着できるように措置を講ずると表明した[87]。しかし、二月二三日に日本側は、この資金の支払いは日韓が国交正常化した後に行うと主張することになる[88]。

一方、一九六〇年一月九日からの会談では、帰国事業で複雑になった日韓関係を背景に、両国の抑留者問題と関連づけて、日本への韓国米輸出の件で協議が始まった。日本側は韓国側から米三万トンを購入するが、その購入は両国の抑留者問題が解決した後に行うことになった[89]。それに関連して、日本側も日本人漁民問題が未解決であったので、韓国側に抑留者の問題解決をあらためて提案した。以後、抑留者問題の解決と、日本側の韓国産米購入量の問題が日韓会談の論点として注目され[90]、二月に作成された文書によれば、韓国側は抑留者問題が韓国の経済問題解決のために利用されているような印象を与えないように注意しなければならないことを確認し[91]、日本側にもそれへの配慮を依頼していた[92]。

しかし、二月二三日の会談文書によれば、日本では日本人漁民釈放ために日本側が韓国から米を購入するという報道が出された[93]。これに韓国側は抗議したが、日本の外務省はその報道は日本政府とは無関係であるとした[94]。同月二五日、柳泰夏は藤山外相に対して、韓国からの米購入と日本人漁民釈放とは関連がないとの立場を表明する報道を要求し[95]、二六日、藤山の韓国の米購入に関する件は日本人漁民の問題とは関係がないとの発言が報道された[96]。

一方、二月二一日に両国は抑留者の相互釈放のために抑留者名簿の交換準備を整えてから、三月一九日に名簿の交換を行った[97]。四月七日には韓国への送還対象である密航者について韓国政府が日本側を通じて調査を行った後、翌八日に三〇九名の韓国への送還が行われた[98]。

では、当初は密航者の受け入れに関して積極的ではなかった韓国側が、急に在日コリアンの送還を受け入れるようになったのは、どのような理由があったのだろうか。これに関しては、二つの理由がある。第一には、当時の李承晩政権の置かれた深刻な経済状況のもとで密航者を受け入れることは日韓関係改善のためにも急務であったからである。一九五〇年代後半の韓国の産業発展の課題は、工業の発展であった。鄭眞阿《ジョンジンア》によれば、李承晩政権は農業物の輸出から得た外貨を工業発展への投入資金とすることを構想した[99]。そのために、韓国政府としては、日本に米を輸出する必要があった。したがって、韓国政府としては、日韓関係の改善のために、日本側が求めていた密航者の韓国送還と日本人漁民の日本送還を受け入れなければならなかったのである。

第二には、日本への密航者が帰国事業で北朝鮮へ帰国することになったので、韓国側がその事態に対する措置を講じなければならなかったからである。一九五九年の一二月二二日に作成された文書によれば、韓国側は北朝鮮に送還された者の中には韓国からの「不法入国者四二名」が含まれていたことを確認していた。このことについて韓国政府は日本側に大村収容所の密入国者四二名は、韓国への送還対象であったにも拘わらず、北朝鮮へ送還したことについて大いに問題化した[100]。韓国としては密航者を北朝鮮に送還させないための措置として送還を受け入れるようになったのである。

一九六〇年四月一九日、李承晩による不正選挙が国民に知られたことが契機となり、韓国の学生と一般市民が協力して、李承晩の大統領職を辞職させる大規模集会を行った（以後、李承晩退陣を勝ち取った革命集会であると記念して、この日を「四・一九」革命日と呼ぶようになった）。これに対して李承晩は、戒厳令を布告して制圧しようとした。そのため、李承晩政権が出動させた警察隊とデモ隊との大規模な衝突が起こった。これに対してアメリカは、韓国の民主化を支持する声明を出して、李承晩の退陣を求める集会に肯

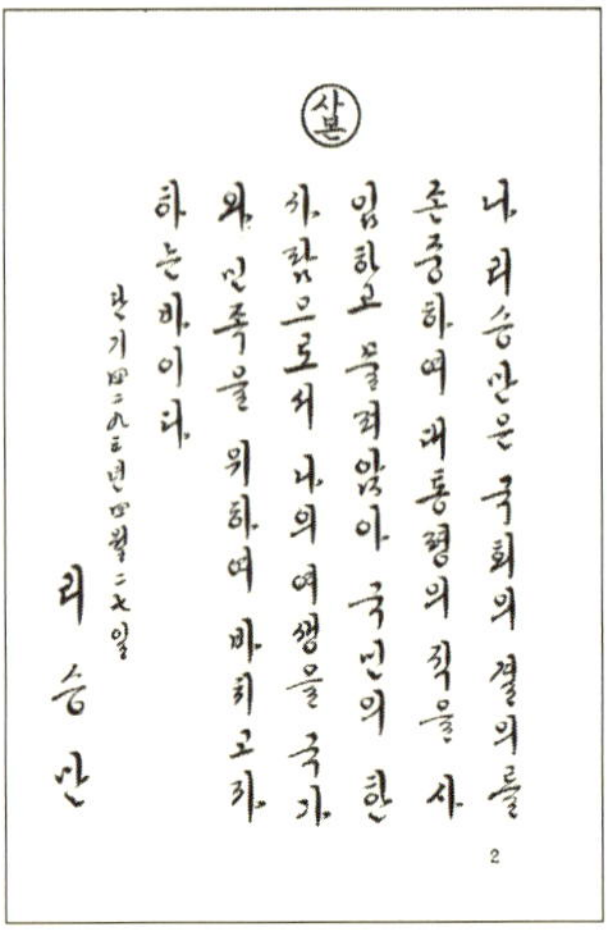
나 리승만은 국회의 결의를
존중하여 대통령의 직을 사
임하고 물러앉아 국민의 한
사람으로서 나의 여생을 국가
와 민족을 위하여 바치고자
하는 바이다.

단기四二九三년四월二七일

리 승 만

李承晩大統領の辞任書

（出典：韓国総務処『사임서 송부에 관한 건(대통령 이승만)』［辞任送付に関する件(大統領李承晩)］韓国国家記録院，管理番号：BA0000001, 1960年）

定的な反応を示した。このような展開の結果、李承晩は「国民が求めるなら大統領職を辞任する」と言い下野を決めた[101]。李承晩の下野によって、李承晩政権の在日コリアン政策も終焉を迎えたのである。

小結

大村収容所における在日コリアンによる北朝鮮への帰国を求めるハンストをきっかけに、ICRC、日本政府、日赤が協力して帰国事業が進むようになった。本章ではこれに対する韓国政府の対応に着目し、当時の韓国政府が在日コリアンに対してどのように包摂と排除を行ってきたかを確認した。

まず、当時の韓国政府としては、帰国事業を止めるには、日韓会談で解決するしか方法がなかった。韓国政府は在日コリアンを韓国に送還させるために、韓国へ帰国する者を対象として日本からの補償を提案していたが、第四次日韓会談でもあらためて提案した。しかし、日本政府としては、補償ではなく、帰国後の定着費として支援すると主張した。李承晩政権の立場としては、在日コリアンの補償金を植民地支配の清算の一環として取り扱うつもりであった。韓国側は、補償だけではなく、在日コリアンの所有財産の送金も要求した。韓国政府としては、韓国に受け入れるのであれば、在日コリアンの財産を吸収することも重要であった。これに対して、日本政府は定着費を提供するとともに財産送金に関しては、好意的に検討すると発言した。

そして、在日コリアンを韓国に送還する場合は、日本政府が定着費として一定の金額を負担することになった。しかし、第四次日韓会談でも確認した通り、韓国政府にとっては、在日コリアンの処遇よりも北朝鮮への帰国事業阻止のための対応が喫緊の課題であった。したがって、帰国事業をめぐる日韓の政治的な問題が優先され、在日コリアンの処遇問題には重点が置かれなかった。これに加えて、李承晩は定着費がもらえるにも拘わらず韓国に帰還しない在日コリアンに対しては国民としての責任をとらないとまで宣言した。当時の韓国政府は在日コリアンの意思を確認することなく、韓国に帰国しない者に対しては排除の対象として取り扱ったのである。

一方で、在日コリアンの韓国送還問題を取り扱う韓国側の官僚らの発言にも注目しなければならない。当時、韓国側の官僚らは、在日コリアンの韓国送還問題に対して、彼らの処遇そのものより、李承晩政権に与える政治的な影響を気にしていた。つまり、在日コリアンが韓国に帰還することによる選挙への影響である。そのことは、在日コリアンの送還問題を自国民の利益の問題としてではなく、李承晩政権の存続の問題として考えていたことを示している。

李承晩の、韓国に帰還しない在日コリアンに対する姿勢について、既存の研究は「棄民政策」であると論じている。確かに、李承晩政権は在日コリアンを在外国民としておきながら、彼らの法的地位や生活それ自体にはなんら関心を示さず、彼らを保護する責任を放棄したことは、明らかに「棄民政策」であったといってよいであろう。

結論

以上、李承晩政権の在日コリアン政策を総合的に検討してきたが、ここから当時の韓国政府について、以下のような結論を導き出すことができる。

李承晩政権の「国民像」

当時の李承晩政権は、日韓会談を通じて在日コリアンは自国民であると主張する一方で、韓国政府にとって在日コリアンは直接統制することが困難な「潜在的な他者」と認識して対応した。それにも拘わらず、韓国政府は、第一次日韓会談から第四次日韓会談前半までは在日コリアンの国籍が韓国であることを強調した。しかし、北朝鮮への帰国事業が実施されるようになると、韓国政府は第四次日韓会談後半で、在日コリアンの日本への帰化にも言及するようになった。これに加えて、韓国政府は在日コリアンが韓国に帰国する際に日本政府からの支援金が受けられるようになると、韓国に帰還しない在日コリアンを国民として保護することはできないと発言するようになった。

ここで、確認できることは、韓国政府が在日コリアンを自国民であると宣言しておきながら、その後に彼らを保護する責任を回避したことである。日韓会談の当初から韓国政府は在日コリアンの統制を求めていたが、帰国事業の実施を契機として、韓国政府は自らの手で在日コリアンを統制することは不可能であると判断したため、結果的に韓国政府は在日コリアンに対して「棄民政策」をとることになったのである。

ここで、李承晩政権が求める国民とはどのような存在であったかが明確になったといえる。李承晩政権が求める国民とは、第一に、李承晩政権に利益を与える者であること。第二に、李承晩政権を支持する政治イデオロギーを持っていることが明らかな者であること。第三に、李承晩政権の統制を受ける体制の内部に収まっている者である。

李承晩政権はこの三つを在日コリアンに求めたが、それは不可能であると判断し、韓国に帰還する者だけを受け入れてその他の者に対しては責任を取らなかった。「棄民政策」であると評価されるゆえんである。

在日コリアン社会の中に分断体制をもたらした韓国政府

本書では、在日コリアンが持っていた祖国に対する見解も確認している。当時の在日コリアン社会には、北朝鮮を祖国と認識する者も多くいた。北朝鮮政府は、在日コリアン社会が求めている問題に近づこうとしたが、韓国政府はそうではなかった。韓国政府は、在日コリアン社会に韓国の国民登録制度（在外国民登録）を導入することで、韓国籍者と朝鮮籍者に区分けし、反共イデオロギーを基準に在日コリアンを行政的に識別しようとした。

韓国政府は体制に従わない国民を激しい暴力で統制したので、その統制から逃れるために多くの韓国国民が密航によって渡日した。その結果、彼ら彼女らは在日コリアンとして日本に定着することになる。韓国政府が国内で行っていた弾圧行為は在日コリアン社会にも知れ渡るようになり、在日コリアンは韓国という国家が自国民をどのように扱うのかを思い知らされた。以後、韓国政府の自国民に対する激しい統制に反発して、北朝鮮を支持する在日コリアンが多くなっていったのである。

それゆえ在日コリアンは、日韓会談で自分たちの法的地位に関する議題が扱われることに対して、非常に強い不満を持っていた。なぜなら、当時、李承晩政権が引き起こした分断体制に起因する住民虐殺の実態を知っていた在日コリアンとしては、韓国政府が自分たちの処遇に関与することには不安があったからである。こうした韓国政府の関与のもとでの日韓会談は北朝鮮を支持する在日コリアンに、よりいっそうの反韓感情を植え付けることになった。

総連は南北関係よりも日朝関係を重んじて在日コリアンの処遇改善を求める活動を行った。一方、当時は小規模ではあったが、韓国政府を支持していた民団も、北朝鮮との関係よりは、韓国と日本との関係を緊密化させるための活動を行った。なぜなら、総連も民団も、自らが支持する国家が日本との協力関係を緊密にすることが自らの利益になると認識していたからである。

帰国事業を取り扱った松浦正伸の研究では、外村大が論じる「生存による自然的な帰国」という帰国動機を批判して「総連の煽動によって、帰国事業が進むようになった」と論じている。しかし実際は、当時の韓国政府が行った在日コリアンの処遇への独占的な関与と、韓国内で行っていた自国民に対する厳しい管理体制とによって、帰国を求める在日コリアンが北朝鮮を祖国として信頼するようになったために、結果として、総連の煽動に影響されるようになったというのが実態ではないだろうか。

このような状況によって、在日コリアン社会では、分断された南北関係の改善よりも、植民地責任問題を残したままの日本との関係のほうが密接になるという皮肉な結果を招くことになる。そのため、当時の在日コリアン社会の中にも存在した南北分断体制が、在日コリアンに植民地経験の記憶を相対的に希薄化させたのである。

本書では、脱植民地問題と分断問題という特殊な課題を抱えていた韓国政府が行った在日コリアン管理政策の全体像を描き出すことを試みたが、その試みを通じて他国政府の在外国民政策研究に新たな視座を提供したつもりである。

まず、韓国政府の在日コリアン政策は、植民地支配によって日本に定住せざるを得なかった在日コリアンの処遇問題をうまく取り扱うことができなかった。当時の韓国政府にとっては、分断体制のもとで、自国民に編入する人々と、北朝鮮支持者とを明確に識別する必要があったので、在日コリアンの処遇問題に取り組むことよりも、彼らを包摂することが重要であった。しかし、在日コリアンが抱えていた日本国内における問題は、植民地時代にも存在した日本人とは異なる差別的処遇が、植民地解放後も継続されたことに起因する問題であった。韓国側はそれに目を背けたままで在日コリアンを包摂しようとした。そして、在日コリアンは植民地支配の結果、日本に定住せざるを得なかったにも拘わらず、李承晩政権は韓国に帰還しなければ、韓国民として認めないと宣言した。このような宣言の背景としては、李承晩政権が仮に在日コリアンを自国民とみなしたところで、多数の在日コリアンは北朝鮮を祖国として認識し、韓国政府の反共方針には従わないであろうと考えていたことがあげられる。それゆえ李承晩政権にとっては、在日コリアンが苛酷な状況に置かれていようと、その処遇改善よりは、北朝鮮との体制競争のもとで韓国に帰還しない在日コリアンを排除することのほうが重要であったのである。

結局のところ、韓国政府の在外国民政策は、分断状況下の体制問題に覆われていた。したがって、在日コリアンの処遇問題は韓国政府の目には入らなかったのである。

李承晩政権による在日コリアンの包摂と排除

序論でも述べたが、本書の目的は李承晩政権の在日コリアン政策において確認できる包摂と排除を論じることにあった。まず「包摂」の側面は、第一に、李承晩政権は日本国内において韓国の国民登録制度を導入し、在日コリアンに登録を促した。また、在日コリアンの戸籍を韓国に変えて法的に韓国民にしようとした。第二に、一九五一年から日韓会談が開かれたが、韓国政府は韓国籍の在日コリアンを優先して日本国内における法的地位を改善しようとした。韓国籍と朝鮮籍の区別を利用して、韓国籍在日コリアンを韓国民として包摂しようとした。第三に、一九五〇年代の後半には、韓国に帰国する在日コリアンに対する補償と財産の保全・送金を日本政府に要求して、韓国内に包摂しようとした。

次に「排除」の側面は、第一に、GHQは日本政府の在日コリアンに対する管理政策を擁護したが、同じく韓国政府もそれを擁護したことがあげられる。当時の日本政府は、在日コリアンと日本人との間で法的地位を差別的に管理したうえ、GHQと日本政府は一体となって在日コリアンの民族教育を弾圧した。これに対して韓国政府は、GHQと日本政府の方針を擁護している。第二に、韓国を支持する在日コリアン団体である民団が、自分たちの処遇に関して日韓会談に関与することを求めたが、韓国政府はこれを認めず発言する権限を排除した。そのため、在日コリアンの処遇問題は日本政府と在日コリアンとの人権問題ではなく、日本政府と韓国政府との政治外交問題として日韓会談で扱われることになった。こうして韓国政府は在日コリアン自身が自らの処遇に関与する機会を排除したのである。第三に、韓国政府は在日コリアンに対する保護放棄を宣言して排除した。そもそも当時の韓国政府が国外にいる在日コリアンを管理・統制することは困難であった。なぜなら当時の李承晩政権は、国内にいる国民を厳しく管理・統制することに注力していたからである。その反対に、北朝鮮が在日コリアンの処遇に対して関心を持っていることが在日コリアン社会に知られるようになった。以後、北朝鮮を支持する在日コリアンの宣伝活動によって、北朝鮮への帰国を決意する在日コリアンが増えていく。このような動きに対抗して、韓国政府は在日コリアンの韓国送還を受け入れた。と同時に、李承晩政権は、韓国に帰還しない在日コリアンは韓国民として保護しないと宣言した。

以上をまとめると、当時の韓国政府の在日コリアンに対する対応には、「包摂」しようとする側面と、「排除」しようとする側面があり、その両面を支えていたのは、南北分断という現実であったことが確認できる。そして、そうした対応を韓国政府が取った根本原因は、当時の李承晩政権が、分断体制下の南北間競争の勝利をなによりも最優先していたことに求められるのである。

註

【序論】

［1］ ここで言う在日コリアンとは、朝鮮植民地支配の下で生計のために渡日した出稼ぎ者、留学を契機としてそのまま日本で暮らした者、戦時期に徴用・徴兵された者、ならびに解放直後に分断国家体制の下で韓国の暴力的な統制によって定着が困難なため日本に密入国した者などのうち、その後も日本に定着した者とその家族を指している。敗戦直後には在日コリアンを指す用語としては、一般的に「在日朝鮮人」が用いられることが多く、その後はナショナリズムと政治イデオロギーの交錯によって、「在日朝鮮人」や「在日韓国人」などの名称が、長い間混在してきている。しかし現在では、このような政治的な交錯を避けて、彼らを統合する「在日コリアン」という用語が使用されることも多い。これは、朝鮮半島の分断体制によって作られた用語と言える。したがって、朝鮮半島の分断体制が終わっていない状況では、李承晩政権期に使われなかった「在日コリアン」という用語は、現在だけではなく、分断体制直後にも使うことができると筆者は考える。

［2］ 李承晩は一八七五年三月二六日に生まれ、黄海道の平山郡馬山面大慶里に生まれた。日本の植民地解放後、一九四八年にアメリカの支持を受けて韓国の初代大統領になる。鶴本幸子「所謂『寺内総督暗殺未遂事件』について」『朝鮮史研究会論文集』一〇集、一九七三年、二〜三三頁。長田彰文『日本の朝鮮統治と国際関係：朝鮮独立運動とアメリカ1910〜1922』平凡社、二〇〇五年、四五〜六六頁。鄭秉峻『우남 이승만연구』［雩南李承晩研究］역사비평사［歴史批評社］、二〇一三年。

［3］ 金榮美「해방 이후 주민등록제도의 변천과 그 성격」［解放以後住民登録制度の変遷とその性格］『韓国史研究』一三六号、二〇〇七年。同『동원과 저항：해방전후 서울의 주민사회사』［動員と抵抗：解放前後ソウルの住民社会史］푸른역사［青い歴史］、二〇〇九年。

［4］ 金得中『'빨갱이'의 탄생：여수・순천사건과 반공국가의 탄생』［「パルゲンイ」の誕生：麗水・順天事件と反共国家の誕生］先人、二〇〇九年。

［5］ 金容撤「제一공화국하의 국가와 노동관계：수혜적 포섭에서 약탈적 후원으로」［第一共和国下の国家と労働関係：受恵的な包摂から略奪的な後援］『한국정치학회보』［韓国政治学会報］한국정치학회［韓国政治学会］、一九九五年。

［6］ ロバート・リケット「GHQの在日朝鮮人政策」『アジア研究』和光大学アジア研究・交流グループ(9)、一

九九四年、「在日朝鮮人の民族自主権の破壊過程」『青丘学術論集』六集、一九九五年。同「朝鮮戦争前後における在日朝鮮人政策：戦後単一民族国家の起点」『朝鮮戦争と日本』新幹社、二〇〇六年。

[7] 小林知子「GHQの在日朝鮮人認識に関する一考察：G－2民間諜報局定期報告書を中心に」『朝鮮史研究会論文集』三二集、一九九四年。同「戦後における在日朝鮮人と『祖国』：朝鮮戦争期を中心に」『朝鮮史研究会論文集』三四集、一九九六年。

[8] 水野直樹「在日朝鮮人・台湾人参政権「停止」条項の成立：在日朝鮮人参政権問題の歴史的検討㈠」『研究紀要』（財団法人・世界人権問題研究センター）一号、一九九六年。同「在日朝鮮人・台湾人参政権「停止」条項の成立：在日朝鮮人参政権問題の歴史的検討㈡」『研究紀要』二号、一九九七年。

[9] 金太基『戦後日本政治と在日朝鮮人問題（SCAPの対在日朝鮮人政策1945～1952年）』勁草書房、一九九七年。同「한국정부와 민단의 협력과 갈등관계」[韓国政府と民団の協力と葛藤関係]『아시아태평양지역연구』[アジア太平洋地域研究] 三巻一号、全南大学アジア太平洋地域研究会、二〇〇〇年。同「韓国政府 수립 직후 駐日韓国外交代表部와 在日韓人」[韓国政府樹立直後の駐日韓国外交代表部と在日韓人]『韓日民族問題研究』二五号、韓日民族問題学会、二〇一三年。同「아나키스트 박열과 해방 후 재일한인 보수단체」[アナキスト朴烈と解放後在日韓人補修団体]『韓日民族問題研究』二七巻〇号、韓日民族問題学会、二〇一四年。

[10] 金奉燮「이승만정부시기의 재외동포정책」[李承晩政府の時期における在外同胞政策] 博士学位論文、韓国学中央研究院、二〇一〇年。

[11] 外村大「戦後における在日朝鮮人と日本社会」『アジアの激変と戦後日本：日本現代史』四号、現代史料出版社、一九九八年。同『在日朝鮮人社会の歴史学的研究』緑蔭書房、二〇〇四年。

[12] 鄭栄桓『朝鮮独立への隘路：在日朝鮮人の解放五年史』法政大学出版局、二〇一三年。

[13] 張博珍「한일회담 개서 전 한국정부의 재일한국인 문제에 대한 대응 분석：대한민국의 국가정체성과 '재일성' 의 기원」[韓日会談開始前、韓国政府の在日韓国人に対する対応分析：大韓民国の国家アイデンティティと「在日性」の起源]『아세아연구』[アジア研究] 五二巻一号、高麗大学校アジア問題研究所、二〇〇九年三月。同「한일회담에서의 매일한국인 법적지위 교섭의 문제점 검토：한국정부의 인식과 대응을 중심으로」[韓日会談での在日韓国人の法的地位交渉の問題点検討：韓国政府の認識と対応を中心に]『한민족연구』[韓民族研究] 八号、韓民族研究会、二〇〇九年一二月。

[14] 吉澤文寿「日韓会談における『在日韓国人』法的地位交渉——国籍・永住許可・退去強制問題を中心に」『朝鮮史研究会論文集』四九集、二〇一一年。

[15] 李誠「한일회담의 재일조선인의 법적지위1951～1965년」[韓日会談の在日朝鮮人の法的地位：1951～1965年] 成均館大学校博士学位論文、二〇一三年。同「한일회담（1951～65）과 재일조선인의 국적 문제：국적선택론에서 귀화론으로」[韓日会談（1951～65）と在日朝鮮人の国籍問題――国籍選択論から帰化論まで]『사림』[サリム] 四五号、수선사학회 [スソン史学会]、二〇一三年六月。

[16] 帰国事業は帰国を求める在日コリアンを北朝鮮に帰国させる事業であるが、違う呼称としては「帰国運動」があり、韓国では「北送事業」と呼ぶ。

[17] テッサ・モーリス＝スズキ『北朝鮮へのエクソダス：「帰国事業」の影をたどる』朝日新聞社、二〇〇七年。

[18] 朴正鎮『日朝冷戦構造の誕生――1954～1965：封印された外交史』平凡社、二〇一二年。

[19] 松浦正伸「냉전기 재일한인 북송사업의 규모변용 과정에 관한 분석：조총련과 북한로비의 역할을 중심으로」[冷戦期在日韓人の北送事業の規模変容過程に関する分析：朝総連と北韓ロビーとしての役割を中心に] 서울대학교：외교학박사논문 [ソウル大学：外交学博士論文]、二〇一五年。

[20] 日南北関係は、日本、韓国、北朝鮮の三国の外交関係を称する。

【第一章】

[1] 本章では、アメリカとソ連（一九四九年からはアメリカとソ連・中華人民共和国）との対立が東アジアにも連動していたことを「東アジア冷戦体制」と呼ぶ。このような対立は、朝鮮半島を焦点としていた。

[2] 本章では、韓国政府が樹立されるまでの朝鮮半島の南側を「南朝鮮」と記す。

[3] 朝鮮半島の南北分断を表する線である。

[4] ブルース・カミングス（著）、鄭敬謨・林哲（訳）『朝鮮戦争の起源：解放と南北分断体制の出現1945年―1947年』第一巻、影書房、一九八九年、一六六～一八二頁、二八八～三〇二頁。

[5] 金榮美（二〇〇七）、二九二～二九三頁。

[6] 徐仲錫『현대한국민족운동연구』[現代韓国民族運動研究] 역사비평사 [歴史批評社]、一九九一年。

[7] 鄭容郁『해방 전후 미국의 대한정책』[解放前後米国の対韓政策] 서울대학교출판부 [ソウル大学校出版部]、二〇〇三年、一四六～一五八頁。

[8] 沈之淵「신탁통치문제와 해방정국」[信託統治問題と解放政局]『한국정치학회보』[韓国政治学会報] 한국정치학회 [韓国政治学会]、一九八五年、一五一～一五二頁。

[9] 鄭栄桓「植民地の独立と人権：在日朝鮮人の「国籍選択権」をめぐって」『PRIME』三六号、明治学院大学国際平和研究所、二〇一三年、五一頁。

〔10〕遠藤正敬（二〇一三）。
〔11〕水野直樹（一九九六）、四五〜四七頁。
〔12〕同上、五七頁。
〔13〕同上、四七頁。
〔14〕「日本占領及び管理のための連合国最高司令官に対する降伏後における初期の基本的指令」一九四五年一一月一日、『在日朝鮮人管理重要文書集：1945年〜1950年』湖北社、一九八七年、一〇頁。
〔15〕金太基（一九九七）、二五五頁。
〔16〕同上、二二九頁。
〔17〕同上、二〇八頁。
〔18〕「朝鮮人の地位及び取扱に関する総司令部民間情報教育局発表」一九四六年一一月一二日、篠崎平治『在日朝鮮人運動』一九五五年、二九頁。
〔19〕金太基（一九九七）、一八七、二二一頁。朴美娥「해방 직후 재일조선인의 경제활동：1945〜1950년 암시장을 중심으로」［解放直後の在日朝鮮人の経済活動：1945年〜1950年の闇市場を中心に］西江大学校大学院、史学科韓国史専攻、二〇一五年、二一頁。エドワード・W・ワグナー『日本における朝鮮少数民族：1904年〜1950年』湖北社、一九七五年、八八〜九一頁。
〔20〕高瀬弘文「東北アジアにおける戦後日本の経済外交の端緒――日韓通商協定の締結を手掛かりに」『国際政治：国際政治研究の先端』九号、日本国際政治学会、二〇一二年、一〇四〜一〇五頁。原田泰『日米関係の経済史』ちくま新書、一九九五年、一〇〇〜一〇一頁。
〔21〕金太基（一九九七）、三四一頁。
〔22〕同上、三四三頁。
〔23〕同上、三五八頁。
〔24〕鄭栄桓（二〇一三）、八三〜八四頁。
〔25〕同上、五三〜五五頁。
〔26〕崔永鎬『재일한국인과 조국광복』［在日韓国人と祖国光復］글모인［グルモイン］、一九九五年、一四六〜一四七頁。
〔27〕鄭栄桓（二〇一三）、六三〜六四頁。
〔28〕田甲生「한국전쟁기 오무라수용소（大村収容所）의 재일조선인 강제추방에 관한 연구」『제노사이드연구』五号、釜慶歴史研究所、二〇〇九年、一六〜二六頁。
〔29〕テッサ・モーリス＝スズキ（幸島理人・訳）「占領軍への有害な行動：敗戦後日本における移民管理と在日朝鮮人」『継続する植民地主義』青弓社、二〇〇五年、六六頁。
〔30〕兪光浩他5名『現代韓国経済史』韓国精神文化研究院、一九八七年、三二頁。
〔31〕同上、八六〜八七頁。
〔32〕外村大（一九九八）、八七〜八八頁。
〔33〕宮崎章「占領初期における米国の在日朝鮮人政策」『思想』七三四号、岩波書店、一九八五年、一二七頁。
〔34〕洪仁淑「第二次世界大戦直後、GHQ의 在日朝鮮人

政策」［第二次世界大戦直後、GHQの在日朝鮮人政策」『韓日民族問題研究』創刊号、韓日民族問題学会、二〇〇一年、一六〇頁。

［35］ 金太基（一九九七）、一六四～一七四頁。

［36］ 樋口雄一『金天海：在日朝鮮人社会運動家の生涯』社会評論社、二〇一四年。

［37］ 金太基（一九九七）、一七一～一七四頁。

［38］ 外村大（二〇〇四）、一〇七～一〇九頁。

［39］ 同上、二一七～二二三頁。

［40］ 同上、二二四頁。

［41］ 同上、二二四～二四四頁。

［42］ 鄭栄桓（二〇一三）、二一頁。

［43］ 古庄正「朝鮮人戦時労働動員における民族差別」『在日朝鮮人史研究』三六号、緑蔭書房、二〇〇六年、同「供託をめぐる国家責任と企業責任」『在日朝鮮人史研究』三七号、緑蔭書房、二〇〇七年。

［44］ 鄭栄桓（二〇一三）、一三六～一三八頁。

［45］ 金太基（一九九七）、一八一～一八二頁、二〇九～二一三頁、二八七～二八八頁。

［46］ 金仁徳『박열：극일에서 분단을 넘은 박애주의자』［朴烈：克日から分断を超えた博愛主義者］역사의 공간［歴史の空間］、二〇一三年。

［47］ 金太基（二〇一四）、一〇二頁。

［48］ 時事新報「獄中廿三年　朴烈氏第一声」、一九四六年二月二八日付。

［49］ 在日本大韓民国民団『民団50年史（以下、50年史）』在日本大韓民国民団中央本部、一九九九年、四五～四九頁。

［50］ 鄭栄桓（二〇一三）、九二～九三頁。

［51］ 同上、九二～九三頁。

［52］ 金太基（二〇一四）、一〇一頁。

［53］ 権逸『権逸回顧録』権逸回顧録刊行委員会、育英出版社、一九八七年、一一〇頁。

［54］ 박종연［パク・ジョンヨン］「일제시기 李康勳의 민족운동과 六三亭의거」［日帝時期李康勳の民族運動と六三亭義挙］『崇實史学（24）』、二〇一四年、一二一～一三〇頁、原州元氏中央宗親会『義士元心昌』東光文化社、一九七九年、六一頁。

［55］ 松田利彦『東亜聯盟運動と朝鮮・朝鮮人：日中戦争期における植民地帝国日本の断面』有志舎、二〇一五年、一～二〇頁。김희주［キム・ヒジュ］「중일전쟁기 在京都 조선인의 東亜連盟運動과 趙恩濟」［中日戦争期在京都朝鮮人の東亜連盟運動と趙恩濟］『慶州史学』二七号、二〇〇八年、七〇～七一頁。

［56］ 金太基（二〇一四）、九五頁。松田利彦（二〇一五）一〇五～一四二頁。

［57］ 曹寧柱・長坂覚「韓国人と日本人：曹寧柱氏に聞く」『中央公論』九四巻、八号、一九七九年、二八七～二八八頁。

［58］ 同上、二八五頁。

［59］尹健次『「在日」の精神史1』岩波書店、二〇一五年、一四〇頁。

［60］権逸（一九八七）、一一七〜一一八頁。

［61］鄭哲『民団今昔：在日韓国人の民主化運動』啓衆新社、一九八二年、五〜六頁。

［62］『在日韓国人の民族運動』洋々社、一九六七年、五四頁。

［63］高祐二『在日コリアンの戦後史』明石書店、二〇一四年、五九頁。

［64］鄭栄桓（二〇一三）、一六二頁。

［65］李康勲『민족해방운동과 나』［民族解放運動と私］제삼계획［ゼサムケフェック］、一九九四年、二一五頁。

［66］鄭秉峻「미국 자료를 통해 본 백범 김구 암살의 배경과 미국의 평가」［米国資料を通じてみた金九暗殺の背景と米国の評価］『역사와현실』［歴史と現実］六一号、한국역사연구회［韓国歴史研究会］、二〇〇六年、三一七頁。

［67］李康勲（一九九四）、六三頁、二〇七〜二一三頁。

［68］同上、二〇八〜二一三頁、二一五頁。

［69］原州元氏中央宗親会（一九七九）、四二頁。

［70］『50年史』、四九頁。鄭容郁（二〇〇三）、二九九〜三一〇頁。

［71］民団新聞「朴烈団長李承晩博士と会見」、一九四七年二月二一日付。

［72］金太基（二〇一四）、一一九頁。

［73］権逸（一九八七）、一三〇頁。

［74］金壽子『이승만의 집권초기 권력기반연구』［李承晩の執権初期権力基盤研究］景仁文化社、二〇〇五年、二二〜三三頁。

［75］権逸（一九八七）、一三〇頁。

［76］東亜日報「正式으로 政府樹立루나유엔韓委議長祝辭」、一九四八年八月一六日付。

［77］金太基（一九九七）、四四二〜四四五頁、四七五〜四七六頁。

［78］朴烈『新朝鮮革命論』中外出版、一九四八年、九頁。

［79］同上、八頁。

［80］韓国政府の樹立を支持する者たちが建青のほとんどの幹部職を占めているのに対し、中立派は疎外された立場で、両派は時々衝突を繰りかえしていた。金光宣事件（坂本事件）は大きな事件であったので、その経緯を簡単に記しておくことにする。金光宣は韓国派と中立派が衝突するたびに登場して中立派の肩を持ち、韓国派役員に暴力を振るうこともあり、また日本当局からの配給物資を受け取る場所で、韓国派建青員たちを脅迫しては配給物資を奪って行くなど暴挙が絶えなかった。一九四七年三月、単独政府樹立案をめぐって両派の対立が極度に達したある日、金はこの日も配給物資を奪うため暴力を振るっていたが、その酷さに我慢出来なかった青年たちに集団で殴打され、病院に運ばれる途中で死亡したのである。青年たちは懲らしめ

るつもりであったが、金が死んだので死体を秘密裡に埋葬してしまった。権逸(一九八七)、一三〇〜一三一頁。

[81] 同上、一三一〜一三二頁。

[82] 李康勲(一九九四)、二一五頁。

[83] 権逸(一九八七)、一四五〜一四九頁。金太基(一九九七)、五二五頁。

[84] 李康勲(一九九四)、二一五頁。

【第二章】

[1] 和田春樹『北朝鮮現代史』岩波新書、二〇一二年。

[2] 金太基(一九九七)、五〇七〜五〇八頁。

[3] 同上、五〇八〜五一七頁。

[4] 金太基(二〇〇〇)、六四〜六五頁。

[5] 金奉燮(二〇一〇)、八一〜八四頁。

[6] 金榮美(二〇〇七)、三〇〇頁。

[7] 金榮美(二〇〇七、二〇〇九)。

[8] 金太基(一九九七)、五二二頁。

[9] 金太基(二〇一三)、一三八〜一三九頁。「구두 밑창에3・1운동 사진필름 숨겨 臨政에 전달」『月刊朝鮮(206)』朝鮮日報社、一九九七年。

[10] 金太基(一九九七)、五二二〜五二五頁。

[11] 同上、五二五〜五二六頁。

[12] 盧琦霙「민단의 본국지향과 한일교섭」[民団の本国志向と韓日交渉]국민대학교일본학연구소편[国民大学校日本学研究所編]『의제로 본 한일회담』[議題からみる韓日会談]先人、二〇一〇年、九〇頁。東亜日報「在外国民登録法公布」、一九四九年一一月二九日付。

[13] 金太基(一九九七年)、六七三〜六七七頁。

[14] 同上、六七七頁。

[15] 「第七回中央議事会提案書民団中央執行部(以下、第七回中央議事会提案書)」(一九四九年二月四日)、『在日朝鮮人関係資料集3』、五六〜五七頁。

[16] 同上、五七頁、「第八回全体大会報告民団中央執行部」(一九四九年一〇月一八日・一九日)、同上、六一頁。

[17] 「第七回中央議事会提案書」(一九四九年二月四日)、同上、五七頁。

[18] 「第八回全体大会報告民団中央執行部」(一九四九年一〇月一八日・一九日)、同上、六一頁。

[19] 記事によると韓国政府は「我々の科学技術を振興するために」GHQとの交渉を行って、派遣留学生を日本に送るつもりであった。東亜日報「日本에 갈留學生選拔學術試驗完了」[日本に行く留学生選抜学術試験完了]」、一九五〇年一月二七日付。

[20] 金太基(一九九七)、五二六〜五二七頁。

[21] 金太基(二〇〇〇)、六八頁。

[22] 同上、六八〜七〇頁。

[23] 「国籍確定と退去及財産問題(当面の緊急問題第6分冊)」(一九四九年一〇月三日)、『在日朝鮮人関係資料

集3』、一八五頁。

［24］ 全斗銖「外国人登録令第十一条に於ける『当分の間』に就いて」『朝鮮研究』朝鮮研究所、一九五〇年四月、二〇～二二頁。

［25］ 金太基（一九九七）、三八一～三八三頁。

［26］ 同上、五四二～五四三頁。

［27］ 一九四七年一〇月GHQは「朝鮮人の諸学校は、正規の教科の追加科目として朝鮮語を教えることを許されるとの例外を認められるほかは、日本（文部省）の全ての指令にしたがわしめるよう、日本政府に指令する」と発表した。「②占領軍民間情報教育局の指令」、金慶海（編）『在日朝鮮人民族教育擁護闘争資料集（以下、在日朝鮮人教育闘争資料集）』(1)、明石書店、一九八八年、四四九頁。

［28］ 金仁徳『재일본조선인연맹 전체대회 연구』［在日本朝鮮人連盟全体大会研究］先人、二〇〇七年、一八九～一九三頁。

［29］ 「③学校教育局長通達『朝鮮人設立学校の取扱いについて』」『在日朝鮮人教育闘争資料集』(1)、四五〇頁。

［30］ 金仁徳（二〇〇七）、一九四～二〇〇頁。

［31］ 鄭栄桓（二〇一三）、二六七～二七九頁。

［32］ 小林知子（一九九四）、一七〇頁。

［33］ 鄭栄桓（二〇一三）、二七一～二七二頁。

［34］ 同上、二八二頁。

［35］ 「第八回全体大会報告民団中央執行部」（一九四九年一〇月一八日）、『在日朝鮮人関係資料集3』、六一頁。

［36］ 韓国国会事務處（以下、韓国国会）「第五回、国会臨時会議速記録、第二七号」、一九四九年一〇月二九日付。

［37］ 金太基（一九九七）、二六五頁。

［38］ ロバート・リケット（二〇〇六）、二〇八～二〇九頁。

［39］ マシュー・オーガスティン「戦後占領期日朝間における人流と国境管理」『朝鮮史研究会論文集』五〇集、二〇一二年、五二～五三頁。

［40］ 鄭栄桓（二〇一三）、二九三頁。

［41］ 同上、二九三～二九五頁。

［42］ 東亜日報「解放後첫살림設計 四十年만에外交復活美蘇英에 公使派遣費를計上 外務篇」、一九四六年四月一九日付、同「大洋에 휘날리는우리 太極旗」、一九四六年七月二六日付。

［43］ 小林聡明「帰還・密航・送還：GHQ占領期における在日朝鮮人の移動とメディア」『東アジア近代史』一〇号、ゆまに書房、二〇〇七年、五九頁。

［44］ 韓国国会「第一回、国会定期会議速記録、第五五号」、一九四八年九月二日付。

［45］ 同上「第二回、国会定期会議速記録、第一四号」、一九四九年一月二六日付。

［46］ 東亜日報「韓人의日本密航 다섯가지理由있다」、一九四九年九月一三日付。

［47］ 田甲生『한국전쟁과 분단의 트라우마：새로운 자료、

다른시각』［韓国戦争と分断のトラウマ：新しい資料、違う視角］先人、二〇一一年、一二四頁。

［48］田甲生（二〇〇九）、二七～二九頁。

［49］李錫敏「トルーマン政権期における『冷戦戦略』の形成とアジア冷戦の始まり：対ソ脅威認識を中心に」『戦略史としてのアジア冷戦』慶応義塾大学出版会、二〇一三年。

［50］高瀬弘文（二〇一二）、一〇四～一〇五頁。

［51］李承晩はアメリカの「日本優先政策」「日本重視政策」を批判し、このような政策が「親日的」であると批判した。朴鎮希「이승만의 대일인식과 태평양동맹 구상」［李承晩の対日認識と太平洋同盟構想］『역사비평』［歴史批評］通巻七六号、역사바평사［歴史批評社］、二〇〇六年、九四～九五頁。

［52］朴鎮希（二〇〇八）、三五～三六頁。

［53］京郷新聞「맥아더案實施」、一九四九年四月九日付。

［54］朴鎮希（二〇〇八）、三八頁。

［55］同上、四三～四四頁。

［56］朴鎮希（二〇〇六）、一〇二～一〇四頁。

［57］朴鎮希（二〇〇六）、一〇四～一〇五頁。日本衆議院事務局（以下、日本国会）「第七回、国会衆議院予算委員会議録、第七号、第一類、第一八号」、一九五〇年二月六日付。

［58］韓国国会「第六回、国会定期会議速記録、第一〇号」、一九五〇年一月二〇日付。

［59］京郷新聞「對共鬪争에 協力 意外의成果！」、一九五〇年二月二一日付。

［60］李元徳『한일 과거사 처리의 원점：일본의 전후처리 외교와 한일회담』［韓日過去史処理の原点：日本の戦後処理の外交と日韓会談］서울대학교출판부［ソウル大学校出版部］、二〇〇〇年、三二頁。

［61］日本国会「第七回、国会衆議院外務委員会議録、第六号、第一類、第五号」、一九五〇年三月一日付。

［62］同上「第七回、国会衆議院外務委員会議録、第一六号、第一類、第五号」、一九五〇年四月一九日付。

［63］田甲生（二〇一一）、一〇八頁。

［64］崔徳孝「朝鮮戦争と在日朝鮮人――義勇兵派遣の問題を中心に」『朝鮮半島と日本の同時代史――東アジア地域共生を展望して』評論社、二〇〇五年、一三～一五頁。

［65］『大村入国者収容所20年史（以下、大村収容所史）』法務省大村入国者収容所、一九七〇年、九五頁。

［66］田甲生（二〇一一）、一四三～一四六頁。

［67］朝鮮北部地域の社会主義化と親日派処罰政策の進展にともない南に逃れてきた右翼青年の反共団体。正式には「西北青年会」だが、済州島では「西北青年団」と呼ぶのが一般的である。四・三事件発生後、蜂起鎮圧のために西青は追加派遣されたが、この段階では西青の団員活動だけでなく、警察や軍の構成員として赴いた者も多かった。

[68] 藤永壯（外4名）「解放直後・在日済州島出身者の生活史調査（3）：姜京子さんへのインタビュー記録」『大阪産業大学論集・人文科学編』一〇五、大阪産業大学学会、二〇〇一年一〇月。

[69] 藤永壯（外8名）「解放直後・在日済州島出身者の生活史調査（5・上）：高蘭姫さんへのインタビュー記録」『大阪産業大学論集、人文・社会科学編』二、大阪産業大学、二〇〇八年二月。

[70] 藤永壯（外8名）「解放直後・在日済州島出身者の生活史調査（11・上）：金玉煥さんへのインタビュー記録」『大阪産業大学論集、人文・社会科学編』一五、大阪産業大学、二〇一二年六月。同（外8名）「解放直後・在日済州島出身者の生活史調査（11・下）：金玉煥さんへのインタビュー記録」『大阪産業大学論集、人文・社会科学編』一六、大阪産業大学、二〇一二年一〇月。

[71] 金得中（二〇〇九）。

[72] 田甲生（二〇一一）、一一〇頁。

[73] 同上、一一五～一一七頁。

[74] 権逸（一九八七）、一五六～一五八頁。

[75] 崔徳孝（二〇〇五）、七頁。

[76] 現在の「韓青」は、「在日韓国青年同盟」の縮約語として使われているが、本章では、「在日大韓青年団」の縮約語として扱う。

[77] 権逸（一九八七）、一五六～一五八頁。

[78] 金壽子（二〇〇五）、三八頁。徐仲錫（二〇〇五）。

[79] 安浩相『일민주의의 본바탕』［一民主義の本質］一民主義研究院、一九五〇年。東亜日報「大統領會見談 一民主義는民族單一體强調 對中態度는從前과同一」、一九四九年一月二九日付。

[80] 金壽子（二〇〇五）、三九頁。

[81] 崔徳孝（二〇〇五）、七頁。

[82] 韓日新報「綱領」、一九五〇年九月九日付、『韓国新聞：縮刷版』在日本大韓民国居留民団中央機関紙、韓国新聞社、一九九六年（以下、韓国新聞）。民団が一九四五年から一九四七年まで発行した各種の機関紙を収録したものである。

[83] 韓国国会「第一〇回、国会定期会議速記録、第五二号」（一九五一年三月二七日付）。韓日新報「白頭山上に太極旗を」、「安浩相博士地方遊説へ」（一九五〇年七月一六日付『韓国新聞』）。

[84] 崔徳孝（二〇〇五）、八頁。金太基（一九九七）、六八〇頁。

[85] 金太基（一九九七）、六八〇頁。

[86] 『大阪韓国人百年史：民団大阪60年の歩み（以下、大阪民団史）』在日本大韓民国民団大阪府地方本部、二〇〇六年、一一一頁。

[87] 鄭哲『在日韓国人の民族運動』洋々社、一九六七年、五五頁。

[88] 金太基（一九九七）、六八〇～六八二頁。

[89] 崔徳孝（二〇〇五）、一〇頁。
[90] 『大阪民団史』、一一二〜一一三頁。
[91] 「〔第一二回中央議事会報告書〕」、一九五一年二月一〇日付、『在日朝鮮人関係資料集3』、一四六頁。
[92] 同上、一四五頁。
[93] 金太基（一九九七）、六八〇〜六八三頁。
[94] 崔徳孝（二〇〇五）、九頁。
[95] 原文で書かれているのは「분사리」「ブンサリ」であるが、元は「부사리」「ブサリ」である。「부사리」の意味は、慣らされてはいるが、いつでも暴れる牛のことである。
[96] 韓国国会「第八回、国会臨時会議速記録、第四八号」、一九五〇年一一月一一日付。
[97] 権逸（一九八七）、一五三〜一五四頁。
[98] 同上、一五五、一五八頁。
[99] 同上、一五九〜一六〇頁。
[100] 金太基（二〇〇〇）、六九〜七〇頁。

【第三章】

[1] アメリカが日本と韓国の反共関係を構築する目的のために、植民地問題をめぐる日韓関係の植民地清算を取り扱ったことに対しては、様々な研究から究明されている。李元徳（二〇〇〇）。太田修『日韓交渉――請求権問題の研究』クレイン、二〇〇三年。朴鎮希（二〇〇八）。吉澤文寿『〔新装・新版〕戦後日韓関係――国交正常化交渉をめぐって』クレイン、二〇一五年。劉義相『대일외교의 명분과 실리：대일청구권 교섭과정의 복원』〔対日外交の名分と実利：対日請求権交渉過程の復元〕역사공간〔歴史空間〕、二〇一六年。
[2] ここで三つの方針に関しては、筆者が文書を確認後、李誠の論文内容を参考にしてまとめた。李誠（二〇一三）、一九一〜一九二頁。文書番号548「平和条約に従う国籍問題等処理要領」（一九五一年八月六日）日本日韓会談文書。
[3] 李誠（二〇一三）、一九一〜一九二頁。
[4] 「在日韓国人の国籍と地位問題における韓国側の立場（原文：英語）」（一九五一年七月）『韓・日会談予備会談：在日韓人の法的地位問題事前交渉、1951・5－9』登録番号78、分類番号723、1JA법（法）1951（以下、『法的地位事前交渉』）。
[5] 三・一独立運動とは一九一九年三月一日を期して展開された朝鮮民族の独立運動である。それを契機に国外では上海に大韓民国臨時政府がつくられ、間島地域を中心に独立闘争も活発化した。三・一独立運動精神とはこの運動の精神を継承することを自称したものであり、大韓民国は上海臨時政府を継承する国家であるとしている。
[6] 韓国国会「第一回、国会臨時会議速記録、第一一八号（一九四八年一二月一日）。

[7] 朴正鎮（二〇一二）、五三、六三頁。一五二〜一五三頁。

[8] 尹健次「民戦から朝鮮総連へ：路線転換の歩み」『在日朝鮮人史研究』四三号、緑蔭書房、二〇一三年、六七頁。

[9] 「在日同胞強制帰還に関する件（原文：韓国語）」（一九五一年六月一三日）『法的地位事前交渉』。

[10] 「在日同胞中一部の悪質分子強制帰還問題及び在日韓国人の法的地位に関する件（原文：韓国語）」（一九五一年七月九日）同上。

[11] 「第一六次在日韓僑法的地位分科委員会経過報告、別紙：在日韓国人の法的地位に関する韓日両国の協定基本要綱［韓国側の草案］（原文：韓国語）」（一九五一年一二月一二日）『第一次韓・日会談：在日韓人の法的地位委員会会議録、第一―三六次、一九五一・一〇・三〇―一九五二・四・一』登録番号81、分類番号723、1JA법(法)一九五一―五二、一―三六次（以下、『一次会談法的地位』）。

[12] 「第一六次在日韓僑法的地位分科委員会経過報告（原文：韓国語）」（一九五一年一二月一二日）同上。

[13] 「第一七次在日韓僑法的地位分科委員会経過報告（原文：韓国語）」（一九五一年一二月一五日）同上。

[14] 「第一八次在日韓僑法的地位分科委員会経過報告（原文：韓国語）」（一九五一年一二月一八日）同上。

[15] 「第二一次在日韓僑法的地位分科委員会経過報告（原文：韓国語）」（一九五一年一二月二二日）同上。

[16] 鄭印燮『재일교포의 법적지위』［在日僑胞の法的地位］서울대학교출판부［ソウル大学出版部］、一九九五年、一三四〜一三五頁。

[17] 金奉燮「이승만정부시기의 재외동포정책」［李承晩政府の時期における在外同胞政策］博士学位論文、韓国学中央研究院、二〇一〇年、九二〜九三頁。

[18] 「日本出張報告書（原文：韓国語）」（一九五一年九月一〇日）『韓・日会談予備会談：本会議の会議録、第一―一〇次、一九五一・一〇・二〇―一二・四』登録番号77、分類番号723、1JA본（本）一九五一、一―一〇次。

[19] 東亜日報「避難民證明書洞會서 發行」、一九五〇年一〇月六日付、「市民의 身分保障 市民證制度實施」、一九五〇年一〇月一一日付、「市民證交付事務廿日부터 各洞會서 開始」、一九五〇年一〇月一九日付、金榮美（二〇〇七）、三〇二〜三〇八頁。

[20] 在日僑胞とは、当時韓国政府が用いていた在日コリアンの総称である。在日韓僑を用いていた場合もある。

[21] 「在日僑胞の国籍及び居住権問題に関する件（原文：韓国語）」（一九五一年九月二六日）『法的地位事前交渉』。

[22] 「在日韓僑の国籍や居住権問題に関する審議の件（原文：韓国語）」（一九五一年一〇月八日）同上。

[23] 「第一次在日韓僑法的地位分科委員会に関する報告の件、別紙：第一次在日韓僑法的地位分科委員会経過

報告（原文：韓国語）」（一九五一年一〇月三〇日）『一次会談法的地位』。

［24］「第一二次在日韓橋法的地位分科委員会経過報告の件、別紙：第一二次在日韓僑法的地位分科委員会経過報告(原文：韓国語)」(一九五一年一一月三〇日) 同上。

［25］ 李誠（二〇一三）、八〇頁。

［26］「第一三次、一四次、一五次在日韓僑法的地位分科委員会経過報告の件、別紙：第一三次在日韓僑法的地位分科委員会経過報告（原文：韓国語）」（一九五一年一二月三日）同上。

［27］「第一三次、一四次、一五次在日韓僑法的地位分科委員会経過報告の件、別紙：第一五次在日韓僑法的地位分科委員会経過報告（原文：韓国語）」（一九五一年一二月七日）同上。

［28］「第一六次在日韓僑法的地位分科委員会経過報告(原文：韓国語)」（一九五一年一二月一二日）同上。

［29］ 文書番号552「出入国管理令を韓国人に適用する場合の諸問題」（一九五一年一〇月二七日）日本日韓会談文書。

［30］ 文書番号553「在日朝鮮人の国籍問題に関する日韓交渉」（一九五一年一一月一五日）同上。

［31］「第一八次在日韓僑法的地位分科委員会会議録、別紙：在日韓国人の国籍及び処遇に関する日本側の提案(原文：日本語)」（一九五一年一二月一八日）『一次会談法的地位』。

［32］「第一八次在日韓僑法的地位分科委員会会議録（原文：韓国語）」（一九五一年一二月一八日）同上。

［33］「第二〇次在日韓僑法的地位分科委員会経過報告(原文：韓国語)」（一九五一年一二月二一日）同上。

［34］「第二〇次在日韓僑法的地位分科委員会経過報告(原文：韓国語)」（一九五一年一二月二一日）同上。

［35］「韓日会談経過報告に関する件（原文：韓国語)」（一九五一年一二月三〇日）同上。

［36］「第二三次在日韓僑法的地位分科委員会経過報告(原文：韓国語)」（一九五二年一月二一日）同上。

［37］「第三六次在日韓僑法的地位分科委員会経過報告、別紙：在日韓国人の国籍及び処遇に関する韓日協定案(原文：韓国語)」（一九五二年四月一日）同上。

［38］ 文京洙『在日朝鮮人問題の起源』クレイン、二〇〇七年、一二七頁。

［39］『大村収容所史』（一九七〇）、九五頁。李定垠「‘난민’ 아닌 ‘난민수용소’, ‘오무라수용소’：수용자, 송환자에 대한 한국정부의 대응을 중심으로」［「難民」ではない「難民収容所」大村収容所：収容者・送還者に対する韓国政府の対応を中心に」『사회와 역사』［「社会と歴史」］一〇三集、韓国社会史学会、二〇一四年、三二七頁。東亜日報「强制抑留韓人 日、釋放을 拒否」、一九五二年五月三一日付、京郷日報「不良者이라고 日側 괘辯」、一九五二年五月一七日付、読売新聞「逆送朝鮮人を強制収容」、一九五二年五月一五日付・朝刊。

[40] 朝日新聞『「強制送還者」の一部韓国で受入拒否 国籍不明確理由に 韓国』、一九五二年五月一四日付・朝刊。

[41] 京郷日報「在日同胞 送還은千不當 우리政府態度强硬!」、一九五二年五月一九日付。

[42] 張博珍（アセア研究、二〇〇九）、二三六頁。

[43] 金太基（二〇〇〇）、六九頁。

[44] 同上、六九頁。

[45] 東亜日報「在日居留民團任員改選 團長團에元心昌等三氏被任」、一九五二年四月七日付。

[46] 「国籍及び処遇分科委員会の問題点(原文：韓国語)」（一九五三年五月）『第二次韓・日会談（1953・4、15−7・23）：国籍及び処遇分科委員会会議録、1953 政務03 0771−0845第一六次、1953・5、136・19』登録番号461、分類番号723、1JA국（国）1953（以下、『二次会談国籍及び処遇』）。

[47] 「第二次韓日会談国籍処遇分科会議経過報告書、別紙：第二次韓日会談国籍処分と会議経過報告書（原文：韓国語）」（一九五三年五月二二日）同上。

[48] 「第三次韓日会談国籍処遇分科会議経過報告書（原文：韓国語）」（一九五三年五月二八日）同上。

[49] 朴鎮希（二〇〇八）、一二四、一二八、一四〇頁。

[50] 太田修（二〇〇三）、一〇一〜一〇四頁。金鉉洙（二〇一二）、四一頁。

[51] 東亜日報「休戰 昨朝十時七分完了 調印」、一九五三年七月二八日付。

[52] 「韓日会談第一次国籍及び処遇分課委員会に関する報告の件、別紙：国籍及び処遇分課委員会第一次会議経過報告(原文：韓国語)」(一九五三年一〇月一〇日)『第三次韓・日会談（1953・10・6−21)：国籍及び処遇分科委員会会議録、第一次、1953・10・10』登録番号94、分類番号723、1JA국(国）1953。

[53] 太田修（二〇〇三）、一一〇〜一一一頁、朴鎮希（二〇〇八）、一四五頁。東亜日報「韓日會談又復決裂」「韓日會談決裂」、一九五三年一〇月二五日付。

[54] 公安調査庁「公安調査月報：第一巻、第三号」、一九五二年九月、九五〜九七頁、『初期「公安調査月報」[復刻版]』第一巻、柏書房、二〇〇六年。

[55] 朝日新聞「国籍獲得など決議：韓国居留民団日比谷に九百名 三・一記念日デモ」、一九五二年三月一日付・夕刊。

[56] 「第一六回中央議事会・第一五回全体大会執行機関報告書 民団中央総本部」（一九五二年一〇月三〜四日）『在日朝鮮人関係資料集3』、一六九〜一八〇頁。

[57] 同上、一七六頁。

[58] 「外国人登録証切替に際しての要請事項 洪賢基(民団第一五回全体大会議長)、日本政府法務大臣宛」（一九五二年一〇月四日)、「登録切替に際しての民団要望事項に対する回答の件 中村茂(入国管理局総務課長)

洪賢基宛」（一九五二年一〇月一〇日）『在日朝鮮人関係資料集3』、二〇二〜二〇三頁。

[59]「外国人登録更新に関して第二次交渉経緯に関する件　羅鐘卿（民団中央総本部民生局長）」（一九五二年一〇月二〇日）『在日朝鮮人関係資料集3』、二〇五頁。

[60] 民主新聞「国籍問題」、一九五三年六月一五日付、『韓国新聞』。

[61] 同上「漁業区域問題」、一九五三年六月一五日付、同上。

[62] 同上「健全な国交樹立」、一九五三年九月一七日付、同上。

[63] 同上「六十万人僑胞は全て韓国籍」、一九五三年一〇月一〇日付、同上。

[64] 金太基（二〇〇〇）、七〇頁。

[65] 韓国国会「第一四回、国会臨時会議速記録、第二一号」（一九五二年一一月一四日）。

[66] 同上「第一四回、国会臨時会議速記録、第二八号」（一九五二年一一月二四日）。東亜日報「民議院」、一九五二年一一月二五日付。

[67] 金太基（二〇〇〇）、七一頁。

[68] 同上「第一五回、国会臨時会議速記録、第四〇号」（一九五三年三月二四日）。

[69] 金鉉洙「日本における日韓会談反対運動：在日朝鮮人運動を中心に」明治大学大学院博士学位論文（史学）、二〇一一年、三八頁。

[70]『在日朝鮮人団体重要資料集1948年〜1952年』湖北社、一九七六年、二四七、二八二頁。

[71] 金鉉洙（二〇一一年）、三八頁。

[72] 公安調査庁「公安調査月報：第一巻、第五号」、一九五二年一一月、二三〇頁、『初期「公安調査月報」［復刻版］』第二巻、柏書房、二〇〇六年。

[73] 同上（二巻、二号）、一九五三年二月、一二一頁、同上（三巻）。

[74] 公安調査庁「公安調査月報：第二巻、第二号」、一九五三年二月、一二九頁、『初期「公安調査月報」［復刻版］』第三巻、柏書房、二〇〇六年。

[75] 同上、一二六頁。

[76] 公安調査庁『公安調査月報』第二巻、第四号、柏書房、二〇〇六年、一六三頁。『初期「公安調査月報」［復刻版］』第四巻、柏書房、二〇〇六年。

[77] 読売新聞「朝鮮人、外務省へ押かける　日韓会談に反対」、一九五三年四月一五日付・夕刊。

[78]『日韓条約締結をめぐる内外の動向』（第四部）内閣官房内閣調査室、一九六六年、四頁。「公安調査月報：第二巻、第五号」二二一〜二二二頁、『初期「公安調査月報」［復刻版］』五巻、柏書房、二〇〇六年。

[79] 金鉉洙（二〇一一）、四一頁。

[80]「公安調査月報：二巻、一〇号」、一九五三年一〇月、二二一〜二二二頁、『初期「公安調査月報」［復刻版］』七巻、柏書房、二〇〇六年。

[81]「公安調査月報：二巻、一一号」、一九五三年一一月、一八七頁、『初期「公安調査月報」［復刻版］』八巻、柏書房、二〇〇六年。

[82]「公安調査月報：二巻、一一号」、一九五三年一一月、一八七～一八八頁、『初期「公安調査月報」［復刻版］』八巻、柏書房、二〇〇六年。

[83]「公安調査月報：三巻、一号」、一九五四年一月、一一九頁、『初期「公安調査月報」［復刻版］』九巻、柏書房、二〇〇六年。

【第四章】

[1] 朴正鎮・高崎宗司『帰国運動とはなんだったのか：封印された日朝関係史』平凡社、二〇〇五年、一九頁。

[2] 朴正鎮（二〇一二）、一〇九頁。東亜日報「經濟、文化交流는 歡迎　外交關係樹立不可能」、一九五五年二月二七日付。

[3] 金東祚『回想30年韓日会談』中央日報社、一九八六年、八一～八四頁。京郷新聞「韓・日間協商斷念交易、旅行當分間禁止」、一九五五年八月一九日付。

[4] 民団の金得鎔がオブザーバーとして、韓国の国会に参加していた。韓国国会「第二一回、国会臨時会議速記録、第四七号」（一九五五年一二月九日）。

[5] 松浦正伸（二〇一五）、七一頁。

[6] 東亜日報「自禍自得의所致」、一九五三年二月二五日付。

[7] 京郷新聞「나捕만二百餘隻侵犯實로五百餘回突破」、一九五三年三月一二日付。

[8] 金東祚（一九八六）、八六頁。

[9] 東亜日報「抑留僑胞를釋放」、一九五四年一二月二九日付。

[10] 京郷新聞「韓・日會談의再開機運」、一九五五年九月一一日付。

[11] 朴鎮希（二〇〇八）、二二八頁。劉義相（二〇一六）、二〇〇頁。

[12] 金東祚（一九八六）、八六頁。

[13] 同上、八八頁。

[14]「公安調査月報：三巻、三号」、一九五四年三月、一〇四頁、『初期「公安調査月報」［復刻版］』一〇巻、柏書房、二〇〇六年。

[15]「公安調査月報：三巻、四号」、一九五四年四月、一一〇～一一二頁、『初期「公安調査月報」［復刻版］』一〇巻、柏書房、二〇〇六年。

[16] 同上、一一二頁。

[17] 朴正鎮（二〇一二）、一五八頁。「公安調査月報：四巻、六号」、一九五五年六月、一三三～一三八頁、『初期「公安調査月報」［復刻版］』一七巻、柏書房、二〇〇六年。

[18] 李泳采「戦後日朝関係の初期形成過程の分析：在日朝鮮人帰国運動の展開過程を中心に」『立命館法学』五・

六号、二〇一〇年、四二頁。

[19]「公安調査月報：四巻、七号」、一九五五年七月、一三七頁、『初期「公安調査月報」［復刻版］』一八巻、柏書房、二〇〇六年。

[20] 外村大（二〇〇四）、四四六頁。

[21] 朴正鎮（二〇一二）、一〇一頁。

[22] 日本国会「第二二回、外務委員会会議録、第五三号、第一類、第三号」（一九五五年六月一八日）。

[23] 李泳采（二〇一〇）、四三頁。

[24] 松浦正伸（二〇一五）、六九～七一頁。

[25]「公安調査月報：五巻、一号」、一九五六年一月、九六頁、『初期「公安調査月報」［復刻版］』二一巻、柏書房、二〇〇六年。

[26] 日本国会「第二四回、外務委員会会議録、第五三号、第一類、第五号」（一九五六年二月一四日）。

[27] 同上。

[28] 同上。

[29] 民主新聞「登録令違反者を釈放せよ」、一九五四年三月一日付、『韓国新聞』（一九九六）。

[30] 同上「不法拘置中の全員釈放せよ」、一九五四年八月一日付、同上。

[31]「公安調査月報：四巻、三号」、一九五五年三月、一四二～一四三頁、『初期「公安調査月報」［復刻版］』一六巻、柏書房、二〇〇六年。

[32]「公安調査月報：四巻、九号」、一九五五年九月、一二四～一二六頁、『初期「公安調査月報」［復刻版］』一九巻、柏書房、二〇〇六年。

[33] 京郷新聞「在日僑胞、日政府에 警告 對共接觸버리라」、一九五五年九月一日付。

[34] 韓陽新聞「韓日会談促進民衆大会—六・二五行事と共に挙行—」、一九五六年六月一六日付、『韓国新聞』（一九九六）。

[35] 民主新聞「民団発展に協助確約—金公使3日代表部에서談話—」、一九五五年五月一五日付、同上（一九九六）。

[36] 新世界新聞「密入国者の避難處」、一九五五年六月一〇日付、同上。

[37]「公安調査月報：三巻、七号」、一九五四年七月、一八〇～一八一頁、『初期「公安調査月報」［復刻版］』一二巻、柏書房、二〇〇六年。

[38] 韓国国会「第一九回、国会臨時会議速記録、五一号」（一九五四年九月二九日）。

[39] 同上「第二一回、国会臨時会議速記録、四七号」（一九五五年一二月九日）。

[40] 同上「第二六回、国会臨時会議速記録、第五九号」（一九五七年一二月一三日）。

[41] 朴正鎮（二〇一二）、一一七頁。

[42] 四月二二日、北朝鮮残留日本人引揚者三六名を乗せた船舶コジマが舞鶴港に入港した。同上、一三八頁。

[43] 日本赤十字社『在日朝鮮人帰国問題の真相』日本赤

十字社、一九五六年、八～一二頁。
[44] 同上『在日朝鮮人の生活の実態』日本赤十字社、一九五六年、一八～一九頁。
[45] 朴正鎮（二〇一二）、一一七～一一八頁。
[46] 同上、一一九頁。
[47] 東亜日報「在日僑胞北韓送還不當」、一九五六年二月一一日付。
[48] 文書番号1431「金公使内話」（一九五六年三月三〇日～四月一日）日本日韓会談文書。
[49] テッサ・モリス＝スズキ（二〇〇七）、一六五頁。
[50] 原文の英語では「Korea」であるが、本章ではこれを日本でよく使われる「朝鮮半島」に訳する。
[51] 原文の英語では「Koreans」であるが、本章では韓国側の文書なので、「韓国人」と訳する。
[52] 「在日韓人送還問題に関する赤十字国際委員会の書簡（原文：英語）」（一九五六年七月六日）『在日韓人北韓送還及び韓・日両国抑留者相互釈放関係綴、一九五五－六〇、全九巻：V.4北送阻止をためのジュネーブ代表部の活動、一九五五－六〇』登録番号768、分類番号723、1JA북（北）1955－60V.4（以下、『V.4、ジュネーブ代表部の活動』）。
[53] 朴正鎮（二〇一二）、一四六～一四七頁。
[54] 「在日韓人送還問題に関する大韓赤十字総裁の答信、別紙：一九五六年九月四日大韓赤十字社が赤十字国際委員会に送った回答の要旨（原文：韓国語）」（一九五六年九月四日）『V.4、ジュネーブ代表部の活動』。
[55] 同上。
[56] 文書番号1431「金公使内話」（一九五六年三月三〇日～四月一日）日本日韓会談文書。原文は、中川は「中」と書かれている。
[57] 「四者会談に関する件（原文：英語）」（一九五六年一二月一二日）『V.4、ジュネーブ代表部の活動』。
[58] 朴正鎮（二〇一二）、一四八～一四九頁。
[59] 「韓日両国の抑留者問題に関する赤十字国際委員会の書簡、別紙：韓日両国の抑留者問題に関する備忘録（原文：英語）」（一九五七年二月）『V.4、ジュネーブ代表部の活動』。
[60] 「韓日両国の抑留者問題に関する件（原文：英語）」（一九五七年三月一九日）同上。
[61] 朴正鎮（二〇一二）、一四八頁。
[62] 「赤十字国際委員会の旅行証明書発給に関する件（原文：英語）」（一九五七年一二月三日）『V.4、ジュネーブ代表部の活動』。
[63] 京郷新聞「送還問題를提案日外務省、韓・日再国交에言及」、一九五六年四月一日付。
[64] 「大統領が金溶植公使に渡した指令（原文：韓国語）」（一九五六年四月二日）『第四次韓・日会談（一九五六・四・一五－一九六〇・四・一九）予備交渉全三巻：V.1景武臺と駐日代表部間の交換公文』登録番号99、分類番号723、1JA예（予）1956－58

V.1（以下、『V.1、第四次予備交渉』）。

[65] 「大統領が金溶植公使に送った書簡（原文：英語）」（一九五六年四月四日）同上。

[66] 「大統領が金溶植公使に送った書簡（原文：英語）」（一九五六年四月五日）同上。

[67] 「抑留者問題に関する四月二日協定に関する説明（原文：英語）」（一九五六年四月一九日）同上。

[68] 東亜日報「抑留者의 名簿交換에 合意」、一九五六年四月二二日付。

[69] 同上「韓日會談을 中止」、一九五六年四月二七日付。

[70] 「大統領が金溶植公使に送る書簡（原文：英語）」（一九五六年五月一日）『V.1、第四次予備交渉』。

[71] 「大統領が金溶植公使に送る書簡（原文：英語）」（一九五六年一〇月一一日）同上。

[72] 吉澤文寿（二〇一五）、七五～七六頁。

[73] 中川融『日韓問題（アルプスシリーズ第三五号）』商工財務研究会、一九五七年、五二頁。

[74] 「韓国に抑留された日本漁夫と日本に抑留された韓国人らに対する措置に関する日韓の了解覚書草案（原文：英語）」（一九五八年三月一八日）『第四次韓・日会談（一九五六・四・一五－一九六〇・四・一九）予備交渉、一九五六－五八、全三巻：V.2一九五七』登録番号100、分類番号723、1JA예（予）1956－58V.2（以下、『V.2、第四次予備交渉』）。

[75] 「（共同声明書）発表（原文：韓国語）」（一九五七年一二月三一日）『V.2、第四次予備交渉』。

[76] 朴鎭希（二〇〇八）、二五二頁。

[77] 「韓日正式会談再開準備及び予備会談で合意した請求権のための第一次韓日連絡会議要録（原文：韓国語）」（一九五八年一月七日）『第四次韓・日会談（一九五六・四・一五－一九六〇・四・一九）、予備交渉、一九五六－五八、全三巻：V.3一九五八・一－四』登録番号101、分類番号723、1JA예（予）1956－58V.3（以下、『V.3、第四次予備交渉』）。

[78] 京郷新聞「抑留者釋放은 名單交換後」、一九五八年一月一四日付。

[79] 朴正鎮（二〇一二）、九九～一〇一頁。

[80] 京郷新聞「抑留僑胞一九日부터釋放」、一九五八年一月一六日付、「二次로釋放된 僑胞六九名」、一九五八年一月二一日付、「抑留僑胞七六名五次釋放」、一九五八年二月一一日付、東亜日報「마짐막九六名을釋放」、一九五八年二月一二日付。

[81] 「本国送還密航渡日韓人に対する教導審問実施に関する件（原文：韓国語）」（一九五八年三月二五日）『在日韓人北韓送還及び韓・日両国抑留者相互釈放関係綴、一九五五年、全九巻：V.9大村収容所に収容中である日本密入国韓国人の強制送還及び拿捕日漁船追放に関する件、一九五五－六〇』登録番号773、分類番号723、1JA북（北）1956－58V.9（以下、『V.9、大村収容所に関する件』）。

[82] 京郷新聞「日人漁夫三〇〇名一次送還」、一九五八年一月三一日付、東亜日報「日本漁夫送還外務部서正式発表」、一九五八年二月一日付。

[83] 朴鎮希（二〇〇八）、二五三頁。

[84] 同上、二五三頁。日韓会談文書では、「釜山にある外国人収容所に現在抑留されている日本人漁民は、刑期を満了した者を日本国へ送還することを各各（日本と韓国）同意したのであります」と書かれていた。「韓日予備会談終結のため調印に関する件（原文：韓国語）」（一九五八年一月九日）『V.3、第四次予備交渉』。

[85] 朴鎮希（二〇〇八）、二五五〜二五六頁。二六六頁。『京郷新聞』「抑留僑胞二五一人釜山到着二三日上午」、一九五八年四月二四日付。

【第五章】

[1] 「法的地位委員会第三次会議要録（原文：英語）」（一九五八年六月四日）『第四次韓・日会談：在日韓人の法的地位委員会会議録、第一－二二次、一九五八・一・一九－五九・一一・二』登録番号107、分類番号723、1JA법（法）1958－59、1－22次（以下、『第四次在日韓人の法的地位委員会会議録』）。

[2] 「法的地位委員会第四次会議要録（原文：英語）」（一九五八年六月一二日）同上。

[3] 「法的地位委員会第五次会議要録（原文：英語）」（一九五八年七月一日）同上。

[4] 原文では、「immigration law」になっているが、ここでは「出入国管理令」と訳する。

[5] 「法的地位委員会第五次会議要録（原文：英語）」（一九五八年七月一日）『第四次在日韓人の法的地位委員会会議録』。

[6] 「法的地位委員会第七次会議要録（原文：英語）」（一九五八年一〇月七日）同上。

[7] 「法的地位委員会第八次会議要録（原文：英語）」（一九五八年一〇月一五日）同上。

[8] 「大統領閣下の論旨（原文：韓国語）」（一九五八年六月一一日）『在日韓人北韓送還及び韓・日両国抑留者相互釈放関係綴、全九巻：V.1大村収容所に収容中である北送希望者の釈放問題、一九五八』登録番号765、分類番号723、1JA북（北）1955－60V.1（以下、『V.1、北送希望者の釈放問題』）。

[9] 「大統領閣下の論旨（原文：韓国語）」（一九五八年六月一一日）同上。

[10] 「第四次韓日会談在日韓人の法的地位及び待遇に関する我側協定案、別紙：在日韓人の法的地位及び待遇に関する我側の協定案（原文：英語）」（一九五八年一〇月一〇日）同上。

[11] 「法的地位委員会第一三次会議要録（原文：英語）」（一九五八年一一月二八日）『第四次在日韓人の法的地位委員会会議録』。

［12］金東祚（一九八六）、一三六頁。

［13］朴正鎮（二〇一二）、二二九頁。

［14］「北韓行を希望する韓人日本国内釈放報道に対して外務省に発送した抗議文に関する件（原文：韓国語）」（一九五八年七月七日）『V.1、北送希望者の釈放問題』。

［15］朴正鎮（二〇一二）、二二九頁。

［16］同上、二三〇～二三二頁。

［17］朴鎭希（二〇〇八）、二九四頁。

［18］金東祚（一九八六）、一三七～一三八頁。

［19］同上、一四二頁。

［20］「朝総連による在日僑胞の北韓送還運動とその背後にある陰謀（原文：韓国語）」（一九五九年一月二一日）『在日韓人北韓送還及び韓・日両国抑留者相互釈放関係綴、一九五五－六〇、全九巻：V.7北送関係参考資料、1955－60』登録番号771、分類番号723、1JA북（北）1955－60V.7（以下、『V.7、北送関係参考資料』）。

［21］松浦正伸（二〇一五）、一一～一二頁。

［22］テッサ・モーリス＝スズキ（二〇〇七）、二二七頁。

［23］金東祚（一九八六）、一四三頁。

［24］同上、一四五頁。

［25］朴鎭希（二〇〇八）、二九六～二九七頁。

［26］テッサ・モーリス＝スズキ（二〇〇七）、二五九頁。

［27］同上、二六一～二六五頁。

［28］朴正鎮（二〇一二）、二四〇～二四一頁。

［29］同上、二三九頁。

［30］朴鎭希（二〇〇八）、三〇〇～三〇一頁。

［31］「韓日関係―ダウリング大使との会合に関する報告と意見（原文：英語）」（一九五九年七月二一日）『在日韓人北韓送還及び韓・日両国抑留者相互釈放関係綴、一九五五－六〇、全九巻：V.2在日韓人北韓送還、1959・1－8』登録番号766、分類番号723、1JA북（北）1955－60V.2（以下、『V.2、在日韓人北韓送還』）。

［32］「山田との会談報告（原文：韓国語）」（一九五九年八月二日）同上。

［33］東亜日報「韓日會談受諾回答」一九五九年八月一日付。

［34］「韓日会談再開日程に関する件（原文：英語）」（一九五九年八月七日）『V.2、在日韓人北韓送還』。

［35］京郷新聞「國民運動展開協議」、一九五九年二月一三日付。

［36］東亜日報「僑胞北送 擧族的으로 反對」、一九五九年二月一四日付。

［37］同上「一六日 發會式 僑胞送北反對全國委」、一九五九年二月一五日付。京郷新聞「僑胞北送은 自由에 對한 背信이다」、一九五九年二月一六日付。

［38］東亜日報「僑胞送北反對全國委發足」、一九五九年二月一七日付。

［39］同上「擧族的으로 僑胞送北反對」、一九五九年二月二一日付。

[40] 東亜日報「坊坊曲曲［すべての場所］서『데모』」、一九五九年二月一四日、京郷新聞「在日僑胞 强制北送을 糾彈」、一九五九年二月一四日付、「釜山・仁川・水原서도」「熾烈한糾彈데모」「市内 接客業者 一五日上午데모」「清州서도示威 萬六千名이 參加」、一九五九年二月一五日付、「各地方서도國民大會」、一九五九年二月一六日、「百萬名突破 日糾彈데모 三五六個地域서」、一九五九年二月一七日、「二六五萬名을突破 北送反對全國 데모」、一九五九年二月二〇日。

[41] 京郷新聞「北送反對 데모 千八七萬名 參加」、一九五九年四月一一日付。

[42] 東亜日報「政府와 全國民結束」、一九五九年六月一三日付。

[43] 同上「北送反對全國大會開催」、一九五九年六月一八日付。

[44] 権逸（一九八七）、二三三頁。

[45] 『民団50年史』（一九九九）、八二頁。

[46] 権逸（一九八七）、二三四頁、京郷新聞「北送計劃反對 在日僑胞들『데모』」、一九五九年二月一三日付。

[47] 京郷新聞「東京서 僑胞데모 北送反對를 絶叫」、一九五九年三月八日付。

[48] 権逸（一九八七）、二三四頁、『民団50年史』（一九九九）、八四頁。

[49] 金太基（二〇〇〇）、七五頁。

[50] 同上、七五〜七六頁。

[51] 「北韓の労働力不足に関する外臣報道内容送付の件（原文：韓国語）」（一九八五年八月五日）『V.2、在日韓人北韓送還』。

[52] 「赤十字国際委員会の決定に関する件（原文：英語）」（一九五九年八月七日）『V.4、ジュネーブ代表部の活動』。

[53] 「赤十字国際委員会の立場発表に関する件（原文：英語）」（一九五九年八月八日）同上。

[54] 「四次韓日会談代表団事前協議会（原文：韓国語）」（一九五九年八月一一日）『V.2、在日韓人北韓送還』。

[55] 「国会議員との会議録（原文：韓国語）」（一九五九年八月八日）『V.2、在日韓人北韓送還』。

[56] 「赤十字国際委員会の介入決定に関する件（原文：英語）」（一九五九年八月一二日）同上。

[57] 「一九五九年八月一三日インドカルカッタで日本と北韓の間に調印された在日韓人強送協定文（原文：韓国語）」（一九五九年八月一三日）、「在日本韓人（北韓系）北送に関する協定文（原文：韓国語）」（一九五三年八月一四日）『V.2、在日韓人北韓送還』。毎日新聞「北朝鮮帰還の日朝協定に調印」、一九五九年八月一四日、東京版・朝刊。

[58] 「在日韓人問題（原文：英語）」（一九五九年八月一九日）『V.2、在日韓人北韓送還』。

[59] 金東祚（一九八六）、一九三〜一九四頁。

[60] 金太基（二〇〇〇）、七〇〜七五頁。

〔61〕「マッカーサーとの面談内容報告（原文：英語）」（一九五九年八月二一日）『V.2、在日韓人北韓送還』。

〔62〕「北送問題に対する米国の手助け要請に関する件（原文：英語）」（一九五九年八月二七日）同上。

〔63〕「在日韓人法的地位問題に関する我側の立場に関する件、別紙：在日韓人法的地位に関する韓国側の立場（原文：英語）」（一九五九年九月）『在日韓人北韓送還及び韓・日両国抑留者相互釈放関係綴、一九五五－六〇、全九巻：V.3在日韓人北韓送還、1959・9－60・2』登録番号767、分類番号723、1JA북（北）1956－58V.3（以下、『V.3、在日韓人北韓送還』）。

〔64〕「法的地位委員会第一七次会議要録（原文：英語）」（一九五九年九月一〇日）『第四次在日韓人の法的地位委員会会議録』。

〔65〕「法的地位委員会第一八次会議要録（原文：英語）」（一九五九年九月一五日）同上。

〔66〕「日本側代表団と非公式会合に関する報告（原文：英語）」（一九五九年一〇月一五日）『V.3、在日韓人北韓送還』。

〔67〕「赤十字国際委員会人事らとの会合報告（原文：英語）」（一九五九年一〇月二九日）『V.4、ジュネーブ代表部の活動』。

〔68〕「在日韓人送還手続きに関する赤十字国際委員会報告書（原文：英語）」（一九五九年一〇月三〇日）同上。

〔69〕「モヌアとの対談内容報告（原文：英語）」（一九五九年一一月一二日）同上。

〔70〕テッサ・モリス＝スズキ（二〇〇七）、二一一頁。

〔71〕朴正鎮（二〇一二）、二七四頁。

〔72〕同上、二五九頁。

〔73〕同上、二九一～二九三頁。

〔74〕『民団50年史』（一九九九）、八四～八五頁。

〔75〕「ジュノ国際赤十字委員会代表、明日のために日本赤十字社の動向（原文：韓国語）」（一九五九年八月二一日）『V.4、ジュネーブ代表部の活動』。

〔76〕「在日韓人北送計画及び韓日会談の最近の進展状況に関する資料送付の件、別紙：日本政府の在日韓人北送計画の最近の進展状況に関して（原文：韓国語）」（一九五九年九月三〇日）『V.3、在日韓人北韓送還』。『50年史』（一九九九）、八四～八五頁。

〔77〕東亜日報「日本警察僑胞二名逮捕」、一九五九年一二月六日付。

〔78〕同上「故意的인捏造事件」、一九五九年一二月九日付。

〔79〕同上「新潟市一帶서 記者活動禁止 日赤서示唆」、一九五九年一二月一〇日付。

〔80〕同上「民團送北沮止에 蹶起」、一九五九年一二月一〇日付、「僑胞들反對示威」、一九五九年一二月一一日付。

〔81〕同上「民團系責任者檢擧？」、一九五九年一二月一三日付。『民団50年史』（一九九九）、八五頁。

〔82〕文書番号1555「在日韓人の処遇問題」（一九五

九年一二月五〜八日）日本日韓会談文書。

〔83〕「伊關佑局長及びマッカーサー駐日大使との面談内容報告（原文：英語）」（一九五九年一二月七日）『V.3、在日韓人北韓送還』。

〔84〕「日本政府の補償金に対する口頭確約書（原文：英語）」（一九五九年一二月）同上。

〔85〕同上。

〔86〕「在日韓人補償問題に関する件（原文：英語）」（一九五九年一二月）『V.3、在日韓人北韓送還』。

〔87〕「在日韓人問題に関する韓日共同声明草案（原文：英語）」（一九六〇年一月）同上。

〔88〕「在日韓人に対する補償金支払いに関する件（原文：韓国語）」（一九六〇年二月二三日）同上。

〔89〕「山田次官との面談内容報告（原文：英語）」（一九六〇年一月九日）同上。

〔90〕「伊關佑局長との会合内容報告（原文：英語）」（一九六〇年一月一一日）同上。

〔91〕「相互抑留者に関する日本側の提案に関する件（原文：英語）」（一九六〇年二月一一日）同上。

〔92〕「日本との協商に関する留意事項伝達（原文：英語）」（一九六〇年二月一一日）『V.3、在日韓人北韓送還』。

〔93〕「日本人漁夫釈放に関する日本新聞報道に関する件（原文：英語）」（一九六〇年二月二三日）同上。

〔94〕「日本漁夫釈放と関連する報道に対す対応措置に関する件（原文：英語）」（一九六〇年二月）同上。

〔95〕「藤山との対談内容報告（原文：英語）」（一九六〇年二月二六日）同上。

〔96〕「藤山の発言に関する件（原文：英語）」（一九六〇年二月二九日）同上。

〔97〕「大村収容所韓人釈放に関する件（原文：英語）」（一九六〇年二月二一日）同上、「相互抑留者送還に関する二番目の連絡会議報告（原文：英語）」（一九六〇年三月一九日）『V.9、大村収容所に関する件』。

〔98〕「第三次（四二九三年度）大村収容所被収容韓人送還に関する件（原文：韓国語）」、「第三次送還者の陳述書提出関係事務」（一九六〇年四月五日）、「在日抑留僑胞第三次送還状況報告の件、別紙：送還韓国人人数確認書（原文：韓国語）」（一九六〇年四月八日）『V.9、大村収容所に関する件』。

〔99〕鄭眞阿「이승만정권기 경제개발3개년계획의 내용과 성격」〔李承晩政権期の経済開発3カ年計画の内容と性格〕『한국학연구』〔韓国学研究〕三巻、高麗大学校韓国学研究所、二〇〇九年、三七三〜三八一頁。

〔100〕「在日韓人北送問題に関する件、別紙：構想書（原文：英語）」（一九五九年一二月二二日）『V.3、在日韓人北韓送還』。

〔101〕徐仲錫『한국현대사60년』〔韓国現代史60年〕역사비평사〔歴史批評史〕、二〇一〇年、五七〜七一頁。

あとがき

本書を貫く問題意識は、私が知らない在日コリアン社会を知ることであった。日本の文化に興味を持っていた私が、最初に接した日本の映画は中学生の頃に観た『GO』である（原作・金城一紀、監督・行定勲、二〇〇一年製作）。『GO』は、ある在日コリアン青年が自らのアイデンティティーに悩む過程を描いている。映画の中では私が知らなかった在日コリアンの歴史が語られていたので、当時の私にはその内容は疑問だらけであった。

一方、大学に進学後、いくつかの国際交流行事に参加して、在日コリアンとも出会う機会が生まれ、その時に彼らが私と同じ民族であると言っていたことが、彼らに対する興味を持つと同時に疑問を持つことにもなった。私の周辺にいる人々は、在日コリアンを外国人扱い（彼らを半分日本人、または日本人であると言っていた）していた。それだけではなく、現在に至るまで韓国社会での在日コリアンの処遇が、内国民と異なっていること（韓国籍でも公職に就けない、国民として医療保険に加入できない点など）を知るようになった。これに加え、分断体制の影響によって、「朝鮮籍」である在日コリアンが韓国政府から「旅行証明書」をもらえず、韓国に入国ができないことも知った。これには、以前から北朝鮮を支持する韓国籍ではない在日コリアンに対して、韓国政府が警戒していることに関係があるのだろうと思っていた。

つまり、韓国社会では、在日コリアンを「同胞」、または同じ「民族」と称してはいても、彼らの韓国社会での処遇は、まるで外国人、ある意味では外国人よりも悪いものだったのである。

朝鮮半島の分断問題を平和的に乗り越えようとした盧武鉉政権期（二〇〇三〜二〇〇八年）は、朝鮮籍の在日コリアンの韓国入国を容認し、旅行証明書の発給率は一〇〇％に近かったが、北朝鮮を強く警戒していた李明博（二〇〇八〜二〇一三年）・朴槿惠（二〇一三〜二〇一七年）政権期から発給は三割から五割ぐらいになった。盧武鉉政権と外交政策を同じくする文在寅政権（二〇一七年〜現在）になって、朝鮮籍の在日コリアンに対する旅行証明書の発給率は再び上がることになった。しかし、朝鮮籍の在日コリアンに対する韓国への入国を保証してくれる法的地位の改善は、いまだになされていない。

それでは、在日コリアンがいま述べたような処遇を受けるようになった要因はどこにあったのだろうか。この疑問に答えるために、私は日本への留学を通じて、現在に至るまで在日コリアン社会と交流し、その歴史を学びながら、多くの在日コリアンと様々に語り合ってきた。その会話の中で、非常に印象的だったことは、韓国政府が自分たちのためを思って行った施策がないので、自分たちは韓国から見捨てられたも同然だと主張している方々が数多くいたことである。その経験が、韓国と在日コリアンとの関係についての研究へと私を導くことになったのである。

以後、その研究過程で、初代韓国政府である李承晩政権の対在日コリアン政策について調べる必要性を感じることになった。そしてそこには二つの視点からのアプローチが存在した。一つ目は、在日コリアンそれ自体との関係の視点であり、二つ目は、朝鮮半島の分断体制をめぐる外交関係（日本、アメリカとの関係など）からの視点である。

この二つの視点で関連資料を通じて検討した結果、李承晩政権の在日コリアン政策には、包摂と排除の両面があることが明らかになった。その後、二〇一七年一二月に立命館大学大学院政策科学研究科に博士論文「韓国政府による在日コリアンの包摂と排除：李承晩政権期を中心に」を提出した。そして、この博士論文は図書出版クレインの協力と、「立命館大学大学院博士課程後期課程博士論文出版助成制度」によって刊行されることになった。

本書の刊行に際して、多くの方々に感謝を申し上げたい。

本研究が国際社会に大きな意味を持つはずだと言って、私の研究活動をいつも応援してくれた筆者の両親と、叔父である申銀齊先生の応援に感謝を申し上げる。

私がこのテーマで研究するうえで、当時の在日コリアンの立場を深く感じることが重要であると指導いただいた勝村誠先生に心から感謝申し上げたい。勝村先生には、研究指導だけではなく、私の研究に関係する先行研究者の紹介や研究会を紹介してくださったことにあらためて感謝を伝えたい。

未熟な私の論文を出版するために、共に編集してくれた図書出版クレインの文弘樹さんにも感謝を伝えたい。

在日コリアンに関する研究テーマとして、私の持っている視点の重要性を理解し、応援してくださり、在日コリアン問題はこれからの日韓社会が責任を負うべき問題であると一緒になって語ってくれた喜多恵美子先生にも感謝申し上げる。

本書刊行に向けて、私の博士論文に修正を加える点を細かく指摘してくれた鄭雅英先生、金友子先生に感謝する。

筆者の研究過程で一緒に悩んでくれた先輩研究者である裵姈美先生、森類臣先生にも感謝申し上げる。お二人は、私の大学院時代に、研究活動がうまく進まない時、様々な研究関連書籍の提供と、京都の在日コリアン社会の状況を教えてくれた。それにより、本研究が進み、様々な刺激を受けることができた。

そして、在日コリアンであり、互いに朝鮮半島の分断状況を危惧しながら、「同民族である我々だからこそ、違いを乗り越えて共に考えよう」と、私に言ってくれた金徹成ヒョンニム（兄のような存在）にも感謝申し上げる。

本研究の問題点及び課題を指摘してくださった水野直樹、飛田雄一、太田修、各先生と、私に有益な影響を与えてくださった先行研究者である文京洙、小林知子、金太基、張博珍、鄭栄桓、李誠、崔永鎬、テッサ・モーリス＝スズキ各先生に感謝申し上げる。在日コリアン問題を世界史における民族を取り巻く問題の一つとして共に考えてくれた、朴鎭雨、李建濟、卞恩眞、庵逧由香各先生からいただいたコメントが、本書に有意義なものとなったことに対して感謝する次第である。

二〇一九年三月

閔智焄

呂聖九「해방 후 재일 한인의 미귀환 사례와 성격」『한국근현대사연구』38 호，韓国近現代史学会，2006 年.
李誠「한일회담의 재일조선인의 법적지위 1951 ～ 1965 년」[韓日会談の在日朝鮮人の法的地位：1951 ～ 1965 年] 成均館大学校博士学位論文，2013 年.
――「한일회담（1951 ～ 65）과 재일조선인의 국적 문제：국적선택론에서 귀화론으로」『사림』45 호，수선사학회，2013 年 6 月.
이용곤「해공 신익희의 정치노선에 관한 연구」慶南大学大学院博士学位論文（政治外交学科），2008 年.
李定垠「‘난민’ 아닌 ‘난민수용소’，오무라수용소：수용자，송환자에 대한 한국정부의 대응을 중심으로」『사회와 역사』103 集，韓国社会史学会，2014 年.
張博珍「한일회담 개서 전 한국정부의 재일한국인 문제에 대한 대응 분석：대한민국의 국가정체성과 ‘재일성’ 의 기원」『아세아연구』52 권 1 호，고려대학교아시아문제연구소，2009 年 3 月.
―――「한일회담에서의 매일한국인 법적지위 교섭의 문제점 검토：한국정부의 인식과 대응을 중심으로」『한민족연구』8 호，韓民族研究会，2009 年 12 月.
田甲生「한국전쟁기 오무라수용소(大村収容所)의 재일조선인 강제추방에 관한 연구」『제노사이드연구』5 호，釜慶歴史研究所，2009 年.
―――「오무라수용소와 재일조선인의 강제추방법제화」『주권의 야만：밀항，수용소，재일조선인』성공회대학교 동아시아연구소，한울아카데미，2017 年.
鄭秉峻「미국 자료를 통해 본 백범 김구 암살의 배경과 미국의평가」『역사와현실』61 호，한국역사연구회，2006 年.
鄭印燮「재일한인의 국적과 남북한의 국적법 개정」『근･현대 한일관계와 재일동포』서울대학교출판부，1999 年.
鄭眞阿「이승만정권기 경제개발 3 개년계획의 내용과 성격」『헌국학연구』3 권，高麗大学校韓国学研究所，2009 年.
崔永鎬「해방직후 한일관계와 박열의 정치적 위상」『광복이후 박열의 사상과 활동』朴烈義士記念館開館 2 周年記念学術会議，2014 年.
韓敬九「한일법적지위협정과 재일한인 문제」『의제로 본 한일회담』先人，2010 年.
黃善翌「연합군총사령부의 해외한인 귀환정책 연구」国民大学大学院，国史学科，2012 年.
洪仁淑「第 2 次世界大戦直後，GHQ の 在日朝鮮人政策」『韓日民族問題研究』創刊号，韓日民族問題学会，2001 年.

ロバート・リケット「GHQ の在日朝鮮人政策」『アジア研究』和光大学アジア研究・交流グループ，1994 年.
――――――「在日朝鮮人の民族自主権の破壊過程」『青丘学術論集』6 集，韓国文化研究振興財団，1995 年.
――――――「朝鮮戦争前後における在日朝鮮人政策：戦後単一民族国家の起点」『朝鮮戦争と日本』新幹社，2006 年.

■韓国語(ハングル字音順)

강혜경「조병옥，반공전선에 앞장선 ‘구국경찰’」『내일을 여는 역사』25 호，先人，2006 年.
金奉燮「이승만정부시기의 재외동포정책」博士学位論文，韓国学中央研究院，2010 年.
金榮美「해방 이후 주민등록제도의 변천과 그 성격」『韓国史研究』136 호，韓国史研究会，2007 年.
金容撤「제 1 공화국하의 국가와 노동관계：수혜적 포섭에서 약탈적 후원으로」『한국정치학회보』한국정치학회，1995 年.
김진혁「한국경찰 60 년，평가와 전망」『법학연구』28 호，한국법학회，2007 年.
金太基「한국정부와 민단의 협력과 갈등관계」『아시아태평양지역연구』3 권 1 호，全南大学아시아太平洋地域研究会，2000 年.
――「韓国政府 수립 직후 駐日韓国外交代表部와 在日韓人」『韓日民族問題研究』25 호，韓日民族問題学会，2013 年.
――「아나키스트 박열과 해방 후 재일한인 보수단체」『韓日民族問題研究』27 권 0 호，韓日民族問題学会，2014 年.
金鉉洙「韓日会談에있어 韓国政府의 在日朝鮮人認識」『韓日民族問題研究』19 호，韓日民族問題学会，2010 年.
김희주「중일전쟁기 在京都조선인의 東亜連盟運動과趙恩濟」『慶州史学』27 号，2008 年.
盧琦霙「민단의 본국지향과 한일교섭」『의제로 본 한일회담』국민대학교일본학연구소편，先人，2010 年.
松浦正伸「냉전기 재일한인 북송사업의 규모변용 과정에 관한 분석：조총련과 북한 로비의 역할을 중심으로」서울대학교：외교학박사논문，2015 年.
村上尚子「4・3 당시 일본 에히메(愛媛)에 건너간 사람들에 관한 영연방 일본점령국 자료」『4・3 과 역사』7 호，제주 4・3 연구소，2007 年.
朴沙羅「조선인을 식별하다：점령기 ‘조선인’과 ‘불법 입국’의 정의에 관하여」『주권의 야만：밀항，수용소，재일조선인』성공회대학교 동아시아연구소，한울아카데미，2017 年.
박종연「일제시기 李康勳의 민족운동과 六三亭의거」『崇實史学』32 号，2014 年.
朴鎭希「이승만의 대일인식과 태평양동맹 구상」『역사비평』通巻 76 号，역사바평사，2006 年.
沈之淵「신탁통치문제와 해방정국」［信託統治問題と解放政局］『한국정치학회보』［韓国政治学会報］한국정치학회［韓国政治学会］，1985 年.

小林聡明「帰還・密航・送還：GHQ 占領期における在日朝鮮人の移動とメディア」『東アジア近代史』10 号，ゆまに書房，2007 年.
小林知子「GHQ の在日朝鮮人認識に関する一の考察：G－2 民間諜報局定期報告書を中心に」『朝鮮史研究会論文集』32 集，緑蔭書房，1994 年.
――――「戦後における在日朝鮮人と『祖国』：朝鮮戦争期を中心に」『朝鮮史研究会論文集』34 集，緑蔭書房，1996 年.
小林玲子「日韓会談と『在日』の法的地位問題――退去強制を中心に」『歴史としての日韓国交正常化Ⅱ』法政大学出版局，2011 年.
高瀬弘文「東北アジアにおける戦後日本の経済外交の端緒：日韓通商協定の締結を手掛かりに」『国際政治，国際政治研究の先端』9，日本国際政治学会，2012 年.
鄭栄桓「植民地の独立と人権：在日朝鮮人の「国籍選択権」をめぐって」『PRIME』36 号，明治学院大学国際平和研究所，2013 年.
鶴本幸子「所謂『寺内総督暗殺未遂事件』について」『朝鮮史研究会論文集』10 集，緑蔭書房，1973 年.
テッサ・モーリス＝スズキ(著)，幸島理人(訳)「占領軍への有害な行動：敗戦後日本における移民管理と在日朝鮮人」『継続する植民地主義』青弓社，2005 年.
崔徳孝「朝鮮戦争と在日朝鮮人――義勇兵派遣の問題を中心に」『朝鮮半島と日本の同時代史――東アジア地域共生を展望して』日本経済評論社，2005 年.
崔永鎬「戦後の在日朝鮮人コミュニティにおける民族主義運動研究：終戦直後南朝鮮の建国運動との連動を中心に」東京大学大学院博士学位論文，東京大学大学院総合文化研究科国際関係論専攻，1992 年.
外村大「戦後における在日朝鮮人と日本社会」『アジアの激変と戦後日本：日本現代史』4 号，現代史料出版社，1998 年.
福本拓「『密航』に見る在日朝鮮人のポスト植民地性」『アジア遊学：帝国崩壊とひとの再移動』勉誠出版，2011 年.
マシュー・オーガスティン「戦後占領期日朝間における人流と国境管理」『朝鮮史研究会論文集』50 集，緑蔭書房，2012 年.
松本邦彦「在日朝鮮人の日本国籍剥奪：日本政府による平和条約対策の検討」『東北大学法学部：法学』52 巻 4 号，東北大学法学会，1988 年.
水野直樹「在日朝鮮人・台湾人参政権「停止」条項の成立：在日朝鮮人参政権問題の歴史的検討（一)」『研究紀要』1 号，財団法人・世界人権問題研究センター，1996 年.
――――「在日朝鮮人・台湾人参政権「停止」条項の成立：在日朝鮮人参政権問題の歴史的検討（二)」『研究紀要』2 号，財団法人・世界人権問題研究センター，1997 年.
宮崎章「占領初期における米国の在日朝鮮人政策」『思想』734 号，岩波書店，1985 年.
吉澤文寿「日韓会談における『在日韓国人』法的地位交渉――国籍・永住許可・退去強制問題を中心に」『朝鮮史研究会論文集』49 集，緑蔭書房，2011 年.
尹健次「民戦から朝鮮総連へ：路線転換の歩み」『在日朝鮮人史研究』43 号，緑蔭書房，2013 年.

———『비극의 현대지도자：그들은 민족주의자인가 반민족주의자인가』성균관대학교출판부，2002 年.
———『이승만의 정치 이데올로기』역사비평사，2005 年.
———『한국현대사 60 년』역사비평사，2010 年.
沈之淵『한국현대정당론』창작과비평사，1984 年.
兪光浩他 5 名『現代韓国経済史』韓国精神文化研究院，1987 年.
田甲生『한국전쟁과 분단의 트라우마：새로운 자료，다른시각』先人，2011 年.
鄭秉峻『우남 이승만연구』역사비평사，2013 年.
鄭容郁『해방 전후 미국의 대한정책』서울대학교출판부，2003 年.
鄭印燮『재일교포의 법적지위』서울대학교출판부，1995 年.
鄭熙鐥『재일조선인의 민족교육운동』先人，2014 年.
済州 4・3 事件真相報告書企画団『제주 4・3 사건진상조사보고서』제주 4・3 사건진상규명및희생자명예회복위원회，2003 年.
在日本大韓民国民団『民団 50 年史』在日本大韓民国民団中央本部，1999 年.
親日人名辞書編纂委員会『친일인명사전』(1 ～ 3 권)民族問題研究所，2009 年.
崔永鎬『재일한국인과 조국광복』글모인，1995 年.

［**論文**］

■**日本語**(五十音読順)

荒敬「占領支配の構造とその変容」『継続する植民地主義：ジェンダー／民族／人種／階級』青弓社，2005 年.
李泳采「戦後日朝関係の初期形成過程の分析：在日朝鮮人帰国運動の展開過程を中心に」『立命館法学』5・6 号，立命館大学法学会，2010 年.
李錫敏「トルーマン政権期における『冷戦戦略』の形成とアジア冷戦の始まり：対ソ脅威認識を中心に」『戦略史としてのアジア冷戦』慶応義塾大学出版会，2013 年.
太田修「第 1 次日韓国交正常化交渉における在日朝鮮人の法的地位と処遇：植民地主義，分断，冷戦の交錯」『社会科学』44 巻 2 号，同志社大学人文科学研究所，2014 年.
韓国史編纂委員会『朝鮮韓国近現代史事典』東京：日本評論社，2015 年.
金鉉洙「日本における日韓会談反対運動：在日朝鮮人運動を中心に」明治大学大学院博士学位論文(史学)，2012 年.
古庄正「在日朝鮮人労働者の賠償要求と政府および資本家団体の対応」『社会科学討究』31 巻 2 号，早稲田大学社会科学研究所，1986 年.
———「朝鮮人戦時労働動員における民族差別」『在日朝鮮人史研究』36 号，緑蔭書房，2006 年.
———「供託をめぐる国家責任と企業責任」『在日朝鮮人史研究』37 号，緑蔭書房，2007 年.
———「足尾銅山・朝鮮人戦時動員の企業責任 ： 村上安正氏の批判に答える」『在日朝鮮人史研究』41 号，緑蔭書房，2011 年.

2005 年.
朴正鎮『日朝冷戦構造の誕生：1945－1965――封印された外交史』平凡社，2012 年.
樋口雄一『金天海　在日朝鮮人社会運動家の生涯』社会評論社，2014 年.
朴慶植『解放後 在日朝鮮人運動史』三一書房，1989 年.
朴烈『新朝鮮革命論』中外出版，1948.
ブルース・カミングス(日本語訳：鄭敬謨，林哲)『朝鮮戦争の起源　1945 年－1947 年　解放と南北分断体制の出現』1 巻，シアレヒム，1989 年.
――――――『朝鮮戦争の起源　1947 年－1950 年「革命的」内戦とアメリカの覇権』2 巻(下)，明石書店，2012 年.
松田利彦『東亜聯盟運動と朝鮮・朝鮮人：日中戦争期における植民地帝国日本の断面』有志舎，2015 年.
文京洙『在日朝鮮人問題の起源』クレイン，2007 年.
――――『済州島四・三事件：「島のくに」の死と再生の物語』平凡社，2008 年.
梁永厚『戦後・大阪の朝鮮人運動：1945 ～ 1965』未来社，1994 年.
吉澤文寿『[新装・新版] 戦後日韓関係――国交正常化交渉をめぐって』クレイン，2015 年.
尹健次『「在日」の精神史 1 ――渡日・解放・分断の記憶』岩波書店，2015 年.
尹景徹『分断後の韓国政治』東京：木鐸社，1986 年.
和田春樹『北朝鮮現代史』岩波新書，2012 年.

■**韓国語**(ハングル字音順)

金得中『'빨갱이' 의 탄생：여수・순천사건과 반공국가의 탄생』先人，2009 年.
金榮美『동원과 저항：해방 전후 서울의 주민사회사』푸른역사，2009 年.
金仁德『재일본조선인연맹 전체대회 연구』先人，2007 年.
――――『박열：극일에서 분단을 넘은 박애주의자』역사의 공간，2013 年.
金壽子『이승만의 집권초기 권력기반연구』景仁文化社，2005 年.
朴美娥「해방 직후 재일조선인의 경제할동：1945 ～ 1950 년 암시장을 중심으로」西江大学校大学院，史学科韓国史専攻，2015 年.
朴鎭希『한일회담：제 1 공화국의 대일정책과 한일회담 전개과정』先人，2008 年.
卞恩眞『파시즘적 근대체험과 조선민중의 현실인식』先人，2013 年.
Bernd Stoever(著)，최승완(韓国語訳)『냉전이란 무엇인가：1945 - 1991』역사비평사，2008 年.
安浩相『일민주의의 본바탕』一民主義研究院，1950 年.
――――『민족사상과 전통종교의 연구』민족문화출판사，1996 年.
Oliver R.　Avison(著)，朴日泳(訳)『大韓民国建国の内幕(上, 下)』啓明社，1998 年.
劉義相『대일외교의 명분과 실리：대일청구권 교섭과정의 복원』역사공간，2016 年.
李元德『한일 과거사 처리의 원점：일본의 전후처리 외교와 한일회담』서울대학교출판부，2000 年.
李炫熙『대한민국임시정부사』혜안，2001 年.
서울신문특별취재팀『韓国外交秘録』서울신문社，1984.
徐仲錫『현대한국민족운동연구』역사비평사，1991 年.

［その他］（五十音読順）
『大村入国者収容所 20 年史』法務省大村入国者収容所，1970 年.
日本赤十字社『在日朝鮮人帰国問題の真相』東京：日本赤十字社，1956 年.
――――――『在日朝鮮人の生活の実態』東京：日本赤十字社，1956 年.

〔2 次資料〕

［単行本］

■日本語（五十音読順）

楠綾子『占領から独立へ：1945 ～ 1952』吉川弘文館，2013 年.
エドワード・W．ワグナー『日本における朝鮮少数民族：1904 年～ 1950 年』湖北社，1975 年.
遠藤正敬『戸籍と国籍の近現代史：民族・血統・日本人』明石書店，2013 年.
『大阪韓国人百年史――民団大阪 60 年の歩み』在日本大韓民国民団大阪府地方本部，2006 年.
太田修『日韓交渉：請求権問題の研究』クレイン，2003 年.
大沼保昭『単一民族社会の神話を超えて：在日韓国・朝鮮人と出入国管理体制』東信堂，1986 年.
岡山民団四十年史編纂委員会編『岡山民団四十年史』在日本大韓民国居留民団岡山県地方本部，1987 年.
韓国史編纂委員会『朝鮮韓国近現代史事典』日本評論社，2015 年.
金東椿（日本語訳者：金美恵，崔真碩，崔徳孝，趙慶喜，鄭栄桓）『朝鮮戦争の社会史――避難・占領・虐殺』平凡社，2008 年.
金太基『戦後日本政治と在日朝鮮人問題：SCAP の対在日朝鮮人政策 1945 ～ 1952 年』勁草書房，1997 年.
高祐二『在日コリアンの戦後史』明石書店，2014 年.
古庄正『足尾銅山・朝鮮人強制連行と戦後処理』創史社，2013 年.
篠崎平治『在日朝鮮人運動』令文社，1955 年.
鄭栄桓『朝鮮人独立への隘路：在日朝鮮人の解放五年史』法政大学出版局，2013 年.
鄭哲『在日韓国人の民族運動』洋々社，1967 年.
――『民団今昔：在日韓国人の民主化運動』啓衆新社，1982 年.
テッサ・モーリス＝スズキ『北朝鮮へのエクソダス：「帰国事業」の影をたどる』朝日新聞社，2007 年.
遠山茂樹・今井清一・藤原彰『昭和史』岩波新書，2002 年.
外村大『在日朝鮮人社会の歴史学的研究――形成・構造・変容』緑蔭書房，2004 年.
長田彰文『日本の朝鮮統治と国際関係：朝鮮独立運動とアメリカ 1910 ～ 1922』平凡社，2005 年.
原田泰『日米関係の経済史』ちくま新書，1995 年.
朴正鎮・高崎宗司『帰国運動とは何だったのか：封印された日朝関係史』平凡社，

2010年2月.
———(外8名)「解放直後・在日済州島出身者の生活史調査(8・下)：金春海さんへのインタビュー記録」『大阪産業大学論集，人文・社会科学編』9，大阪産業大学，2010年6月.
———(外8名)「解放直後・在日済州島出身者の生活史調査(11・上)：金玉煥さんへのインタビュー記録」『大阪産業大学論集. 人文・社会科学編』15，大阪産業大学，2012年6月.
———(外8名)「解放直後・在日済州島出身者の生活史調査(11・下)：金玉煥さんへのインタビュー記録」『大阪産業大学論集. 人文・社会科学編』16，大阪産業大学，2012年10月.

■韓国語(ハングル字音順)

金東祚『回想30年韓日会談』中央日報社，1986年.
———『냉전시대의 우리외교：김동조 전외무장관회고록』문화일보，2000年.
金溶植『새벽의 약속：김용식외교 33 년』김영사，1993年.
原州元氏中央宗親会『義士元心昌』東光文化社，1979年.
李康勳『민족해방운동과 나』제삼계획，1994年.
張炳惠『常線の自由魂』嶺南大学博物館，1973年.
趙炳玉『나의 回顧録』서울：해동，1986年.
陳弼植『외교관의 회고:진필식 대사 회고록』外交通商部，外交安保研究員，1999年.
韓撤永『李起鵬先生演説集』(発行所不明) 1959年.

[在日コリアン団体の記事及び雑誌](五十音読順)
『解放新聞』.
『民団新聞』.

[日本の記事及び政府機関雑誌文献](五十音読順)
『朝日新聞』.
『アルプスシリーズ』.
『公安調査月報』.
『時事新報』.
『中央公論』.
『読売新聞』.

[韓国の記事文献及び雑誌](ハングル字音順)
『京郷新聞』.
『東亜日報』.
『毎日経済』
『毎日申報』.
『月刊朝鮮』.

『韓・日会談予備会談：在日韓人の法的地位問題事前交渉，1951.5 - 9』登録番号 78，分類番号 723．1JA 법 1951.
『第 1 次韓・日会談：在日韓人の法的地位委員会会議録，第 1 - 36 次，1951.10.30 - 1952.4.1』登録番号 81 分類番号 723.1JA 법 1951 - 52，1 - 36 次.
『第 4 次韓・日会談(1956.4.15 - 1960.4.19)予備交渉全 3 巻：V. 1 景武臺と駐日代表部間の交換公文』登録番号 99，分類番号 723.1JA 예 1956 - 58V. 1.
『第 4 次韓・日会談(1956.4.15 - 1960.4.19)予備交渉，1956 - 58，全 3 巻:V. 2　1957』登録番号 100，分類番号 723.1JA 예 1956-58V. 2.
『第 4 次韓・日会談(1956.4.15 - 1960.4.19)予備交渉，1956 - 58，全 3 巻：V. 3 1958.1 - 4.』登録番号 101，分類番号 723.1JA 예 1956 - 58V. 3.
『在日韓人北韓送還及び韓・日両国抑留者相互釈放関係綴，全 9 巻：V. 1 大村収容所に収容中である北送希望者の釈放問題，1958』登録番号 765，分類番号 723.1JA 북 1955 - 60V. 1.
『在日韓人北韓送還及び韓・日両国抑留者相互釈放関係綴，1955 - 60，全 9 巻：V. 2 在日韓人北韓送還，1959.1 - 8』登録番号 766，分類番号 723.1JA 북 1955 - 60V. 2.
『在日韓人北韓送還及び韓・日両国抑留者相互釈放関係綴，1955 - 60，全 9 巻：V. 3. 在日韓人北韓送還，1959.9 - 60.2』登録番号 767，分類番号 723.1JA 북 1956 - 58V. 3.
『在日韓人北韓送還及び韓・日両国抑留者相互釈放関係綴，1955 - 60，全 9 巻：V. 4 北送阻止をためのジュネーブ代表部の活動，1956 - 60』登録番号 768，分類番号 723.1JA 북 1955 - 60V. 4.
『在日韓人北韓送還及び韓・日両国抑留者相互釈放関係綴，1955 - 60，全 9 巻：V. 7 北送関係参考資料，1955 - 60』登録番号 771，分類番号 723.1JA 북(北)1955 - 60V. 7.
『在日韓人北韓送還及び韓・日両国抑留者相互釈放関係綴，1955 年，全 9 巻：V. 9 大村収容所に収容中である日本密入国韓国人の強制送還及び拿捕日漁船追放に関する件，1955 - 60』登録番号 773，分類番号 723.1JA 북(北)1956 - 58V. 9.
『第 4 次韓・日会談：在日韓人の法的地位委員会会議録，第 1 - 22 次，1958.19 - 59.11.. 2』登録番号 107，分類番号 723.1JA 법(法)1958 - 59，1 - 22 次.

[回顧録及びインタビュー記録]

■日本語(五十音読順)

権逸『権逸回顧録』権逸回顧録刊行委員会，育英出版社，1987 年.
藤永壯(外 4 名)「解放直後・在日済州島出身者の生活史調査(3)：姜京子さんへのインタビュー記録」『大阪産業大学論集・人文科学編』105，大阪産業大学学会，2001 年.
―――(外 8 名)「解放直後・在日済州島出身者の生活史調査(5・上)：高蘭姫さんへのインタビュー記録」『大阪産業大学論集，人文・社会科学編』2，大阪産業大学，2008 年.
―――(外 8 名)「解放直後・在日済州島出身者の生活史調査(8・上)：金春海さんへのインタビュー記録」『大阪産業大学論集，人文・社会科学編』8，大阪産業大学，

[韓国国家記録院の資料]
①韓国公報部広報局写真担当官
『이승만 대통령, 요시다 일본 총리 및 클라크 유엔군 총사령관과 회담』管理番号：CET0019079，1953年.
『일본인죄수석방』管理番号：CET0037376，1958年.
『석방된한국교포부산항도착』管理番号：CET0069390，1958年.
『재일교포북송반대전국위원회발족및국민총궐기대회』管理番号：CET0040587，1959年.
『동경재일교포북송반대데모』管理番号：CET0041017，1959年.
『아승만 대통령，제4차 한일회담 파견 한국측 대표들 접견』管理番号:CET0083205，1959年.
②韓国総務処
『사임서 송부에 관한 건(대통령 이승만)』管理番号：BA0000001，1960年.

■韓国政府の刊行物

『大韓民国行政幹部全貌』国会公論社，1960年.
『大韓民国歴代三府要人総鑑』内外新書，1985年.

[在日コリアン関連資料](五十音読順)
『韓国新聞　在日本大韓民国居留民団中央機関誌：縮刷版』1～3巻，韓国新聞社，1996年.
金慶海(編)『在日朝鮮人民族教育擁護闘争資料集』(1)，明石書店，1988年.
『在日朝鮮人管理重要文書集：1945年～1950年』湖北社，1978年.
朴慶植(編)，宮本正明(解題)『在日朝鮮人関係資料集成――戦後編Ⅲ』不二出版，2000年.

[日韓会談外交文書](発行年月日順)

■日本側の公開文書

文書番号548「平和条約に従う国籍問題等処理要領」(1951年8月6日)日本日韓会談文書.
文書番号552「出入国管理令を韓国人に適用する場合の諸問題」(1951年10月27日)日本日韓会談文書.
文書番号553「在日朝鮮人の国籍問題に関する日韓交渉」(1951年11月15日)日本日韓会談文書.
文書番号1431「金公使内話」(1956年3月30日～4月1日)日本日韓会談文書.
文書番号1555「在日韓人の処遇問題」(1959年12月5～8日)日本日韓会談文書.

■韓国側の公開文書

『韓・日会談予備会談：本会議の会議録，第1-10次，1951.10.20-12-4』登録番号77，分類番号723.1JA 본 1951，1-10次.

参考文献

〔1次資料〕

[日本政府の関連資料](発行年月日順)

■日本国会議事録

「第7回, 国会衆議院予算委員会会議録, 第7号, 第1類, 第18号」(1950年2月6日).
「第7回, 国会衆議院外務委員会会議録, 第6号, 第1類, 第5号」(1950年3月1日).
「第7回, 国会衆議院外務委員会会議録, 第16号, 第1類, 第5号」(1950年4月19日).
「第10回, 国会衆議院外務委員会会議録, 第4号, 第1類, 第5号」(1951年2月14日).
「第22回, 国会衆議院外務委員会会議録, 第53号, 第1類, 第3号」(1955年6月18日).
「第24回, 国会衆議院外務委員会会議録, 第53号, 第1類, 第5号」(1956年2月14日).

■日本政府の記録刊行物

『初期「公安調査月報」[復刻版]』1, 2, 3, 6, 7, 8, 9, 10, 12, 16, 17, 18, 19, 21巻, 柏書房, 2006年.
『日韓条約締結をめぐる内外の動向』内閣官房内閣調査室, 1966年.

[韓国政府の関連資料](発行年月日順)

■韓国国会議事録

「第1回, 国会定期会議速記録, 第55号」(1948年9月2日).
「第1回, 国会臨時会議速記録, 第118号」(1948年12月1日).
「第2回, 国会定期会議速記録, 第14号」(1949年1月26日).
「第5回, 国会臨時会議速記録, 第27号」(1949年10月29日).
「第6回, 国会定期会議速記録, 第10号」(1950年1月20日).
「第8回, 国会臨時会議速記録, 第48号」(1950年11月11日).
「第10回, 国会定期会議速記録, 第52号」(1951年3月27日).
「第14回, 国会臨時会議速記録, 第21号」(1952年11月14日).
「第14回, 国会臨時会議速記録, 第28号」(1952年11月24日).
「第15回, 国会臨時会議速記録, 第40号」(1953年3月24日).
「第19回, 国会臨時会議速記録, 第51号」(1954年9月29日).
「第21回, 国会臨時会議速記録, 第47号」(1955年12月9日).
「第26回, 国会臨時会議速記録, 第59号」(1957年12月13日).

初出一覧

本書は、二〇一七年一二月に立命館大学大学院政策科学研究科に提出した博士学位請求論文「韓国政府による在日コリアンの包摂と排除：李承晩政権期を中心に」と、以下の既存論文をもとに大幅に加筆・訂正したものである。

一、「李承晩政権の在日コリアン国民登録政策：日韓予備会談から第一次会談を中心に」（『政策科学』二二巻二号、立命館大学、二〇一五年二月）

二、「強制送還をめぐる李承晩政権の在日コリアン政策：一九四八年から一九五三年を中心に」（『在日朝鮮人史研究』四五号、緑蔭書房、二〇一五年一〇月）

三、「李承晩政権との関係からみる民団の韓国志向の変遷過程」（『コリア研究』八号、立命館大学コリア研究センター、二〇一七年三月）

【著者紹介】

閔 智焄（ミン・ジフン）

1986年，大韓民国釜山廣域市生まれ。

2012年，東西大学外国語学部卒業（日本語専攻），同年，立命館大学大学院政策科学研究科博士課程前期課程入学（政策科学専攻），2014年，同大学大学院博士課程前期課程修了（同），同年に同大学大学院博士課程後期課程入学（同），2018年，同大学大学院博士課程後期課程修了（同）。

現在，立命館大学コリア研究センター客員協力研究員。専攻は日韓外交史，韓国政治史。

主な論文に「強制送還をめぐる李承晩政権の在日コリアン政策：一九四八年から一九五三年を中心に」（『在日朝鮮人史研究』45号，緑蔭書房，2015年10月），「李承晩政権との関係からみる民団の韓国志向の変遷過程」（『コリア研究』8号，立命館大学コリア研究センター，2017年3月）がある。

韓国政府の在日コリアン政策［1945－1960］
包摂と排除のはざまで

2019年 3月25日 第1刷発行

著 者◉閔 智焄
発行者◉文 弘樹
発行所◉クレイン
〒180-0004
東京都武蔵野市吉祥寺本町 1-32-9
TEL 0422-28-7780
FAX 0422-28-7781
http://www.cranebook.net

印刷所◉創栄図書印刷

ISBN978-4-906681-53-2

協 力◉渡辺康弘 牛島きなり